Mosaik bei
GOLDMANN

Buch

Als erfahrene Schauspielerin weiß Iris Berben ihre Stärken ins rechte Licht zu rücken. Privat lebt sie jedoch längst nicht so diszipliniert, wie man es von einem 50-jährigen Filmstar erwarten würde.

In diesem Buch erzählt sie erfrischend offen, was sie für ihr Aussehen tut – und was nicht. Welche Schönheitsrezepte sie ausprobiert und wieder verworfen hat. Dass sie sich ein tägliches Fitnessprogramm auferlegt, obwohl sie eher der bekennende No-Sports-Typ ist. Und wie sie es mit dem so genannten gesunden Leben hält – bei Heißhungerattacken auf Spaghetti und der spontanen Lust auf ein Glas Rotwein.

Ungeniert berichtet die Schauspielerin von ihrer Einstellung zur Sexualität und von ihrem Glück als Mutter. Sie hat bewusst keinen klassischen Ratgeber geschrieben, die Mischung aus persönlicher Erfahrung, Anekdoten und Expertenrat entspricht mehr ihrem Stil. Vor allem will sie nicht als »Überfrau« erscheinen, die sich in allen Situationen ihres Lebens richtig verhalten und nie Probleme mit dem Älterwerden gehabt hätte.

Autorin

Iris Berben ist in Detmold geboren, brach das Gymnasium ab und kam Ende der 60er Jahre zum Film. Sie absolvierte eine Tanz- und Bewegungsausbildung in London sowie eine Sprech- und Gesangsausbildung in Berlin. Die Zahl ihrer Filme und Fernsehsendungen ist Legion. Sie wurde unter anderem mit dem Bambi und der Goldenen Kamera ausgezeichnet. Ende 2000 wurde sie von der ARD zur beliebtesten Schauspielerin des Jahres gewählt.

Iris Berben

Älter werde ich später

Das Geheimnis, schön und sinnlich, fit und entspannt zu sein

Mosaik bei
GOLDMANN

Fachberatung:

Vesna Boban, Kosmetikerin, München
Ulrich Graf, Friseur, München
Dr. Thomas Klosterhalfen, Hormonspezialist, München
David Rapaport, Zahnarzt, München

1. Auflage
Vollständige Taschenbuchausgabe September 2005
Wilhelm Goldmann Verlag, München,
in der Verlagsgruppe Random House GmbH

Textbegleitung: Karin Felix
Redaktion: Annette Baldszuhn
Umschlaggestaltung: Design Team München
Fotos: Esther Haase
Satz: Barbara Rabus
Druck und Bindung: GGP Media GmbH, Pößneck
CH/BS · Herstellung: Han
Printed in Germany
ISBN 3 442 16726 4

www.goldmann-verlag.de

Inhaltsverzeichnis

Wie **ICH** wurde, was ich bin

Ja, ich mag bewundernde Blicke. Heute kann ich das zugeben. Dass man aufregend bleibt, auch als Frau mit 50 – nichts besser als das!

Als ich noch sehr jung war, wollte ich nicht über Äußerlichkeiten definiert werden. Da hat es mich manches Mal geärgert, wenn man mich nach meinem Aussehen und nicht nach meiner Persönlichkeit beurteilte. Aber wenn man älter wird und beruflich etwas vorzuweisen hat, sind Komplimente über das Aussehen zusätzliche Streicheleinheiten.

Jetzt, wo mich die Zahl 50 einholt, fällt mir auf, dass sie mich ganz schön beschäftigt. Obwohl ich bis vor kurzem souverän damit umgegangen bin. Ich dachte, der Sprung in den »Club der 50-Jährigen« sei leichter. Es macht mich nicht besonders glücklich, dass ich in meinem Beruf als 50-jährige Ausnahmefrau gelte. Die Filmbranche definiert sich heute durch Schnelllebigkeit und das Abhaken von Trends für junge Zielgruppen. Dass ich inzwischen seit dreißig Jahren in diesem Beruf bestehe und ganz weit vorn bin – was die Einschaltquoten und meine Auszeichnungen beweisen –, das ist nicht Glück oder Zufall, sondern das Ergebnis von Arbeit. Und gerade die letzten zehn Jahre waren meine besten. Seitdem wurden meine Filme immer spannender, meine Rollen immer subtiler.

Ich werde oft gefragt: »Was tun Sie, dass Sie immer noch so wunderschön aussehen?« Natürlich mache ich eine ganze Menge für mein Äußeres – und davon handelt ja auch dieses Buch. Aber da ist noch etwas anderes. Schönheit hat mit der Persönlichkeit, mit dem Innenleben zu tun. Eine perfekte Fassade allein wird ganz schnell langweilig. Man muss sich mögen und kein anderer Mensch sein wollen. Ich brauchte Jahre, um das zu verstehen. Immer sah ich einen Makel an mir, orientierte mich an anderen, perfekteren Menschen, schöneren Frauen, besseren Schauspielern. Erst in dem Moment, als es mir gelang, meine Mitte zu finden, war ich auch mit meinem Aussehen zufrieden. Das war ein langer Weg.

Dünnes Kind, freches Kind

Ich bin ein »Scheidungskind«. Meine Mutter war beruflich oft im Ausland, deshalb lebte ich bis zur Einschulung bei meinen Großeltern mütterlicherseits. Sie hatten wenig Geld, aber viel Kultur und sieben Kinder. Was gab es dort für herrliche Familienfeste mit der ganzen Verwandtschaft – all die Onkel und Tanten, Cousinen und Cousins! Meine Oma war rund und mollig, auf ihrem Schoß, an ihrem großen Busen fühlte ich mich geborgen. In der Erinnerung ging meine Kindheit – oder zumindest meine kindliche Unbekümmertheit – zu Ende, als ich in die Schule und ins Internat kam.

Obwohl ich immer viel aß, war ich so extrem dünn, dass ich mehrere Sommer lang »auf Landverschickung« nach Amrum musste. Und jeden Tag diesen grässlichen Lebertran schlucken. Ich selbst fand mein Dünnsein absolut in Ordnung, denn ich wuchs ja in die Zeit von Twiggy und Mary Quant hinein. Dass ich in der Pubertät noch keinen Busen bekam, spielte da eigentlich keine Rolle. Aber irgendwann war ich doch neidisch auf die Klassenkameradinnen, deren runde Brüste sich unter den Sporthemdchen abzeichneten. Für ein Sportfest kaufte ich meinen ersten BH, rund gesteppt und ziemlich hart gepolstert. Was ich nicht bedacht hatte: Beim Hindernisrennen zieht man ja die Knie bis zur Brust hoch. Als ich durchs Ziel lief, war ein BH-Körbchen nach innen gedrückt, das andere wölbte sich nach vorn. Niederlage auf der ganzen Linie!

Statt Abitur die erste Filmrolle

In der Schule galt ich als frech und undiszipliniert – ich hatte einfach zu viele eigene Ideen. Kurz vor dem Abitur flog ich vom dritten Gymnasium und landete in der Kunststudenten-Szene in Hamburg. Das war 1968, die Studenten protestierten, die Künstler provozierten, Pop-Art und Wohngemeinschaften schockierten die Bürger. Ich war überall dabei und spielte in experimentellen Kurzfilmen mit. Auf dem Kurzfilm-Festival in Oberhausen wurde ich dann »entdeckt« und bekam meine erste Rolle in »Detektive« von Rudolf Thome. Das Filmen war chaotisch schön und gar nicht anstrengend. Das konnte doch kein Beruf sein! Ein paar Jahre lang nahm ich mir noch vor, mein Abitur nachzuholen und Jura zu studieren. Keinen Abschluss zu haben nagte so sehr an meinem Selbstwertgefühl, dass ich bis heute manchmal davon träume, nach sechs Stunden Lateinarbeit ein leeres Heft abzugeben.

Aber ich hatte das Glück, bald Rollen angeboten zu bekommen, die mich dann doch forderten. Ich habe nie eine Schauspielschule besucht. Wenn ich frühe Filme von mir ansehe, muss ich lachen: diese unglaubliche Piepsstimme! Sprech-, Tanz- und Bewegungsunterricht leistete ich mir erst, als ich beim Film schon gut verdiente. Sehr viel lernte ich durch Zuschauen bei großen Kollegen. Eines meiner wichtigen Vorbilder war zum Beispiel Brigitte Horney. Früher hörte ich sogar gelegentlich, ich sähe wie die junge Horney aus. Das lag wohl an diesem herben Charme, den wir beide hatten.

Wichtiger als Film: meine Mutterrolle

Der größte Einschnitt in meinem Leben war, mein Kind zu bekommen. Ich wurde schwanger mit 20. Und war gerade 21, als mein Sohn auf die Welt kam. Von dem Vater des Kindes habe ich mich bald getrennt. Aber Mutter bin ich ein Leben lang. Für mich wird mein Sohn immer mein Kind bleiben, egal wie alt er ist. Noch heute habe ich die Geburt meines Sohnes vor Augen, nicht nur vor Augen, ich spüre sie. Das Geburtserlebnis hat mir eine Verantwortlichkeit gegeben, die ich vorher nicht kannte – meinem Kind, einem anderen Menschen, ja, dem ganzen Leben gegenüber. Die Vorstellung, dass in meinem Körper ein anderer Mensch wuchs, ist für mich auch noch dreißig Jahre danach ungeheuerlich und ein absolutes Wunder.

Während der Schwangerschaft war ich so glücklich wie nie zuvor in meinem Leben. Auch körperlich ging es mir gut. Ich hatte die gesündesten Haare. Sonst heißt es doch immer, in der Schwangerschaft gehen die Haare aus. Mein damaliger Friseur aber meinte später: »Kannst du nicht mal wieder schwanger werden, du hattest so festes, tolles Haar.« Auch meine Haut war perfekt wie nie. Vielleicht, weil ich mir das Kind so sehr gewünscht hatte.

Ich musste mich während der Schwangerschaft kein einziges Mal übergeben. Dabei machte ich nach heutigen Gesichtspunkten alles falsch: Ich ging nicht zur Schwangerschaftsberatung, führte keine Atemübungen durch, ernährte mich überhaupt nicht gesund. Trotzdem verlief die Geburt unkompliziert. Allerdings war mein Bauch hinterher etwas schlaff. Und der Busen hat gelitten. Aber was ist das schon, verglichen mit dem Glück, ein Kind zu haben?

Leider bekam ich mit meinem jetzigen Lebenspartner keine Kinder mehr; doch inzwischen habe ich ein Enkelkind. Ich war aufgeregt wie eine Mutter, als mein Enkel Pascal auf die Welt kam. Nur die Frage, wie man sich als Großmutter fühlt, wies mich in meine Altersschranken. Dennoch: Ich fühle mich jung und fit und bin Großmutter – was für ein herrlicher Zustand!

Mein **GESICHT** ist mein Kapital

Ich weiß, dass ich gut aussehe. Es gibt Fotos von mir, da sag ich selber: »Gut gelungen!« Ich weiß aber auch, wie solche Starfotos entstehen: Der Perfektion wird technisch nachgeholfen.

Was ich an mir nicht mag, erkennt kaum jemand auf meinen Fotos oder in meinen Filmen. Wenn ich mich kritisch im Spiegel betrachte, finde ich meine Nase zu breit. Aber sie ist ein Teil von mir, und ich hatte nie das Gefühl, ich sollte sie kosmetisch »richten« lassen. Ich achte nur sehr darauf, dass sie für Fotos günstig geschminkt ist.

Was ich am meisten an mir mag? Mein Lachen. Und meine Haut. Das ist kein Verdienst und nicht nur Ergebnis guter Pflege – ich habe einfach Glück gehabt. Da kann ich mich bei meiner Oma und bei meiner Mutter bedanken, von ihnen habe ich viel geerbt. Wenn ich daran denke, was meine Haut allein in den drei Jahren »Sketchup«, der satirischen TV-Serie, aushalten musste! Damals wurden immer wieder neue Masken aufgeklebt und abgerissen, von Babybäckchen bis zur 80-jährigen Faltenvisage. Aber auch die ganz normale Filmarbeit ist nicht »ohne«: Es müssen Berge von Schminkfarben sein, die Maskenbildnerinnen in dreißig Jahren auf meiner Haut verteilten und wieder abwischten. Ich empfinde es oft selbst erstaunlich, wie gut mein Gesicht diese Belastungen überstand.

Natürlich pflege ich meine Haut sorgfältig. Dabei sind nach meiner Erfahrung zwei Dinge am allerwichtigsten: viel Feuchtigkeit und wenig Sonne!

Meine Gesichtspflege

Ich brauche morgens einen ganzen Schwall kaltes Wasser zum Munterwerden. Damit spüle ich mir lange das Gesicht – das ist fast schon ein Ritual. Dann nehme ich eine Feuchtigkeitscreme mit sehr hohem Lichtschutzfaktor. Ist meine Haut besonders trocken, kommt darunter noch ein ganz leichtes Feuchtigkeitsgel. Die Make-up-Grundierung trage ich erst nach ein paar Minuten auf, wenn die Feuchtigkeitscreme von der Haut aufgenommen wurde.

Schön braun bist du – das sagt nie jemand zu mir!

Sogar nach einem Urlaub im Süden kehre ich nicht braun gebrannt zurück. Weil mir bewusst ist, wie sehr die Haut unter längerer direkter UV-Strahlung leidet, halte ich mich in jeder Hinsicht bedeckt. In die pralle Sonne lege ich mich freiwillig sowieso nicht. Ich finde es auf einem Liegestuhl im Schatten eines Baums oder eines Sonnenschirms viel erholsamer. Selbst hier trage ich Schutzcremes mit extrem hohem Lichtschutzfaktor auf – Handrücken inbegriffen. Bei Spaziergängen im Süden kommt auf die Haare ein großer Hut oder ein Tuch. Beim Schwimmen im Meer sieht die Sonne mein Gesicht und meinen Körper niemals ohne wasserfesten Sunblocker.

Früher wurde ich übrigens manchmal als »Schattenpflanze« belächelt. Seit helle Haut wieder gefragt ist, bewundert man stattdessen meine Blässe. Dabei fand ich schon immer, dass dunkle Augen und ein schöner Mund bei blassem Teint besser zur Geltung kommen.

Pflege am Abend

Egal, wie spät es ist: Abschminken vor dem Zubettgehen muss sein! Ich massiere meine Haut mit Reinigungsmilch ein und tupfe sie mit Tonicwasser ab. Das Augen-Make-up entferne ich mit Ölpads. Diese Methode scheint altmodisch zu sein, einige Parfümerien führen die ölgetränkten Wattebäuschchen gar nicht mehr. Aber ich finde die Pads, mit denen man nicht so rubbeln muss, schonend für die Augen und die Augenumgebung.

Bei der Nachtcreme probiere ich immer wieder etwas Neues aus, mal mit Kräutern, mal mit Vitaminen, mal mit den neuen Anti-Aging-Wirkstoffen (nächste Seite). Am wichtigsten ist mir aber das Gefühl, dass mit der Creme viel Feuchtigkeit in die Haut einzieht. Was ich regelmäßig zusätzlich benutze, sind Augencremes, ganz vorsichtig rundherum aufgetragen. Ich lache so gern – da müssen meine Lachfältchen auch Nahrung kriegen. Der Hals bekommt Nachtcreme, den spare ich nie aus. Nur das Dekolleté vergesse ich leider manchmal.

Pflege zwischendurch

Mehrmals am Tag sprühe ich mir Feuchtigkeit auf Gesicht und Hals. Das gewöhnte ich mir bei meinen vielen Flügen an, damit die Haut in der trockenen Luft nicht spannt. Es gibt inzwischen verschiedene Gesichtssprays – mein Favorit ist ein Spray mit dem angenehm natürlichen Duft von Obst und frischen Gurken.

Was ist drin in den Anti-Aging-Cremes?

Die neue Generation von Hautcremes, die Falten vermeiden oder glätten sollen, profitiert von der weltweiten medizinischen Forschung, wie man Alterungsprozesse hinauszögern kann. Inzwischen wurde wissenschaftlich bewiesen, dass die Wirkstoffe dieser Cremes bis in die mittleren und unteren Schichten der Haut eindringen. Aber nicht jeder Hauttyp reagiert gleich. Am besten ist es, durch Ausprobieren festzustellen, welches Produkt hautglättend und gleichzeitig gut verträglich ist.

Wirksame Bestandteile von Anti-Aging-Cremes

Antioxidanzien

Dazu zählen die Vitamine A, C und E, Betacarotin und das Enzym Q 10. Sie reduzieren die schädigende Wirkung der Freien Radikale (aggressive Sauerstoffmoleküle, die Mitverursacher der meisten Alterungsvorgänge sind). Außer der antioxidativen Wirkung haben diese Stoffe aber noch andere Effekte auf die Haut; auf den Beipackzetteln der Cremes sind sie meist einzeln aufgeführt:

Retinol: Reines Vitamin A, das von der Haut in Retinsäure umgebaut wird. Regeneriert die Fasern des Bindegewebes und hellt Pigmentflecken auf. Retinol ist hochwirksam und deshalb mit Vorsicht anzuwenden: Bei empfindlicher Haut zuerst sehr dünn auftragen, um die verträgliche Dosis zu testen, und dann allmählich zu steigern.

Vitamin C: Dieses Vitamin beschleunigt die Kollagenbildung. Es wird in Mikrokapseln in die Haut geschleust oder als Pulver mit einer Emulsion gemixt.

Enzym Q 10: Natürliches Antioxidans mit vitaminähnlicher Wirkung; wichtig für die Energiegewinnung der Zellen.

Fruchtsäuren

Die so genannten Fruchtsäuren, auch AHA (Alpha-Hydroxy-Acid) genannt, werden aus Pflanzen, Früchten und Milchsäure gewonnen. Sie verstärken das Abschilfern abgestorbener Hautzellen und regen die Neubildung an.

Mikroproteine

Den natürlichen Hautproteinen nachgebildet oder aus Molke gewonnen. Regen den Zellstoffwechsel an.

Ceramide

Das sind fettähnliche Substanzen zwischen den Hautzellen. Sie speichern Feuchtigkeit und »polstern« die Haut auf.

Kollagen

Wasser anziehende Substanz, ebenfalls gut zum Speichern von Feuchtigkeit in der Haut. Fördert nicht die körpereigene Kollagenbildung.

Gesichtsmasken

Ich schwöre auf Gesichtsmasken. Damit wird die Haut rosig und frisch. Man kann sich das Gesicht bunt anmalen – doch nichts ist schöner, als wenn das Gesicht gut durchblutet ist und von innen leuchtet.

Eine Maske pro Woche, das versuche ich durchzuhalten, auch wenn ich es bei meinem unregelmäßigen Leben öfter vergesse. Es ist ja eigentlich keine große Arbeit, schon während man ein Bad nimmt, kann die Maske wirken. Meistens benutze ich fertige Masken, ich habe aber auch ein paar selbst gemachte Favoriten:

1 Aus Israel mitgebrachte Schlammpackungen rühre ich mit Honig und Joghurt an.

2 Salatgurke püriere ich im Mixer und gebe steif geschlagene Sahne plus einen Schuss ätherisches Gesichtsöl zu.

3 Eischnee mische ich mit etwas flüssiger Sahne und ein paar Tropfen Zitrone.

Das sagt die Kosmetikerin von Iris Berben

Ein paarmal im Jahr macht Frau Berben bei mir eine »Verwöhnkur« über vier oder fünf Tage. Mit einem speziellen Programm für ihre feine, zur Trockenheit neigende Haut. Bevor ich ihr Gesicht behandle, wird der ganze Körper auf »Relaxen« eingestellt: Mit zwei Frotteehandschuhen, die ich mit Eau Imperial tränke, reibe ich zuerst den Rücken, dann Arme und Beine sanft ab. In warme Tücher gehüllt, kann Frau Berben sich vollkommen entspannen.

Die Gesichtsbehandlung beginnt immer mit dem Erwärmen und Entspannen der Gesichtshaut durch Dampf aus dem Vapozon, angereichert mit einem Hauch Lavendelduft. Danach folgen unterschiedliche Programme:

- **Peeling.** Nach der Reinigung von Gesicht und Dekolleté wird Peelingcreme mit elektrisch rotierenden, weichen Rundbürsten aufgetragen und die Haut dadurch ganz leicht abgeschliffen. Falls nötig, werden nun Hautunreinheiten manuell entfernt.

- **Masken.** Ich stelle die Masken je nach Beschaffenheit der Haut jeweils neu zusammen. Meistens reichere ich Feuchtigkeits- oder Regenerationscremes individuell mit dem Inhalt von Vitamin-E-Kapseln und Kalzium-Ampullen an. Oder ich lege fertige Masken auf, wie zum Beispiel wirkstoffgetränktes Vlies. Nach 15 Minuten nehme ich die Maske ab und reinige mit feuchten Kompressen nach. Zum Zusammenziehen der Poren gibt es jetzt eine kleine Schockbehandlung: eisgekühltes Tonicwasser, auf Gesicht und Hals gesprüht. Den Abschluss bildet eine sanfte Tagescreme.

- **Mikro-Massage zur Hautstraffung.** Ich arbeite mit einem Gerät, das auch in Schweizer Hautkliniken benutzt wird. Es wirkt auf die Haut durch gering dosierte Stromimpulse. Praktisch sieht das so aus: Ich trage Handschuhe, die mit Elektroden an den Impulsgeber angeschlossen sind. Der Kundin wird eine Elektrode am Arm befestigt. Nun massiere ich mit beiden Händen das Gesicht und die Lymphbahnen. Die minimalen Stromreize erzeugen angenehme, leichte Vibrationen. Die Haut erwärmt sich, Durchblutung, Lymphfluss und Stoffwechsel werden angeregt, Schlacken lösen sich auf. Frau Berben sagt, sie fühlt sich danach »wie frisch modelliert«.

- **Iontophorese.** Diese Behandlung ist ähnlich wie die Mikro-Massage. An die Elektroden angeschlossen ist ein dicker Stab. Ich gebe zuerst ein Serum oder eine Ampulle auf Gesicht, Hals und Dekolleté. Dann führe ich den vibrierenden Stab über die Haut. Durch die Stromstimulation dringen die Wirkstoffe tiefer in die Haut ein.

- **Thermodyn zur Hautglättung.** Auch diese Behandlung basiert auf Schwachstrom. Angeschlossen ist eine Art elektrisch geladenes »Bügeleisen«, eine erwärmte, vibrierende Metallplatte. Mit sanften, kreisenden Bewegungen schleuse ich damit Vitamine und Feuchtigkeitssubstanzen in die Haut. Nach 20 Minuten ist das Gesicht sichtbar geglättet.

- **Massagen.** Trotz aller Technik: Am liebsten mag Frau Berben meine manuelle Gesichtsmassage. Dazu benutze ich abwechselnd Vitamin E direkt aus der Kapsel, Ampullen oder Serum, darüber eine Massagecreme. Ich fange mit beiden Händen am Nacken an und wandere über das Dekolleté hoch bis zum Haaransatz über der Stirn. Dieser sanft stimulierenden halbstündigen Massage hat Frau Berben einen eigenen Namen gegeben: »Goldene Hände«.

Anti-Aging-Tipps der Kosmetikerin

Bei Frauen um die 50 sieht man deutlich den Unterschied: Wer diszipliniert lebt und seiner Haut viel Feuchtigkeit – von außen und von innen – gibt, hat eindeutig weniger Falten! Es lohnt sich also, hier nachzuhelfen. Das Wichtigste:

- Reichlich Wasser trinken. Zwei bis drei Liter stilles Mineralwasser am Tag sind ideal.

- Die Haut morgens mit reichhaltiger Tagescreme mit hohem Lichtschutzfaktor eincremen, abends mit regenerierender Nachtcreme, die viel Feuchtigkeit enthält. Tagsüber, vor allem im Sommer, mehrmals Feuchtigkeitsspray auf Gesicht und Hals sprühen.

- Zweimal täglich die Haut reinigen. Abends, um sie von den Verunreinigungen der Luft zu befreien, morgens, um Nachtcremereste zu entfernen. Je sauberer die Haut, desto besser können kosmetische Cremes einwirken.

- Jede Woche ein Peeling. Mit zunehmendem Alter lässt die Regeneration der Haut nach. Die obersten Zellen werden langsamer abgestoßen, dadurch wirkt die Haut fahl. Die Schleifpartikel in Peelingcremes entfernen die »toten« Schüppchen und regen gleichzeitig die Durchblutung an – das Gesicht sieht wieder rosig aus.

- Öfter mal eine Maske – vor allem für den Hals. Manche Frauen tun viel für ihr Gesicht, aber zu wenig für ihren Hals; dabei sieht man hier das Alter besonders deutlich. Einmal pro Woche sollte man eine Maske üppig auftragen und für 15 bis 20 Minuten den Hals mit einer Plastik- oder Alufolie und zusätzlich einem Schal umwickeln. Wenn die Haut sich stark erwärmt, wirkt die Maske tiefer ein.

- Hände vor Pigmentflecken schützen. Nicht nur das Gesicht braucht Schutz vor aggressiven Sonnenstrahlen, auch die Hände. Nach jedem Händewaschen sollte man die Handrücken mit einer Sonnencreme mit hohem Lichtschutzfaktor eincremen, um Altersflecken vorzubeugen.

Augenblick bitte!

In meiner beruflichen Karriere hat man es mir immer wieder gesagt: Ein Großteil meines Erfolgs ist die Kraft meiner Augen. Blicke auszuhalten, Blicken standzuhalten, das sind meine Stärken. Ich kann sehr lange gucken, ohne die Augenlider zu bewegen. Das hat damit zu tun, dass ich mich traue, hinzuschauen. Wenn mich junge Schauspielerkolleginnen um Rat fragen, sage ich ihnen: Posiere nicht, guck hin – erst dann hast du den intensiven Blick!

Die Augenumgebung

Die Haut um meine Augen schwillt leider leicht an. Das hat nichts damit zu tun, ob ich wenig oder viel geschlafen habe, ob ich mal eine Nacht »versumpft« bin, ob ich reichlich oder zurückhaltend gegessen und getrunken habe. Es hängt eher mit dem Monatszyklus zusammen. Zwei, drei Tage vor der Regel merke ich, dass sich unter den Augen kleine Wulste bilden.

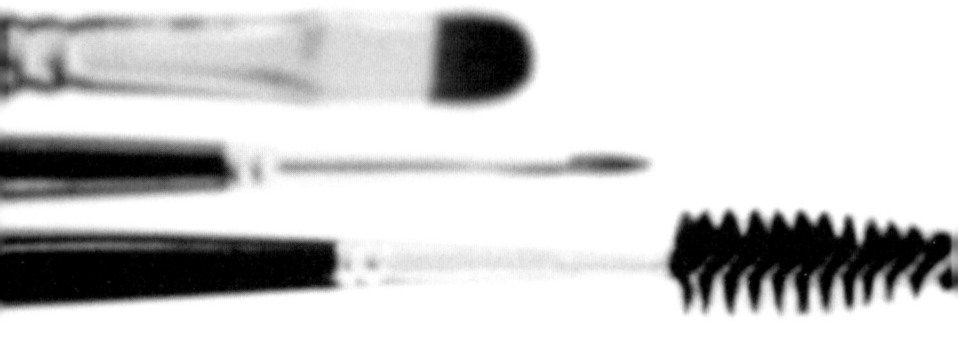

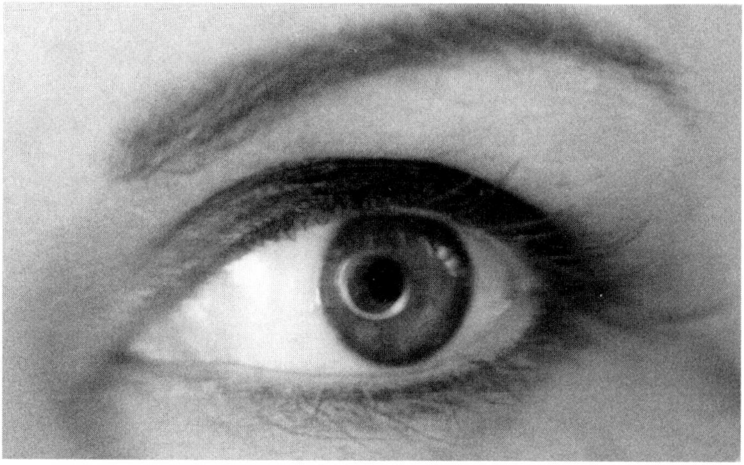

- Dann, so heißt es, soll man nicht ganz flach liegen, sondern auf einem kleinen Kissen.

- Gut helfen mir abschwellende Kompressen aus Teebeuteln: Beutel kurz in heißes Wasser tauchen, eine Viertelstunde im Kühlschrank abkühlen lassen, einige Minuten auf die Augen legen.

- Oder ich feuchte Wattepads mit Aloe-Vera-Gel an und verwende sie als Augenkompressen.

- Im Kühlschrank habe ich immer Gelmasken gegen geschwollene Augen.

- Ab und zu lege ich morgens eine fertige Augenmaske auf die Unterlider. Die ovalen Vliesplättchen spenden Feuchtigkeit und mindern die Schwellung.

Tipps vom Film

Um die Augen schön weiß strahlen zu lassen, hat man beim Film natürlich seine Mittelchen. Zum Beispiel zwei Sorten Augentropfen, weniger starke und starke. Manchmal verwende ich auch zwei Kamillenteebeutel als Augenkompresse. Was recht praktisch ist: Jetzt gibt es auch Augenpads zu kaufen, die wie Gurkenscheiben aussehen und mit Feuchtigkeit getränkt sind. Ich lege sie zwischen den Takes 10 bis 15 Minuten auf, das tut richtig gut.

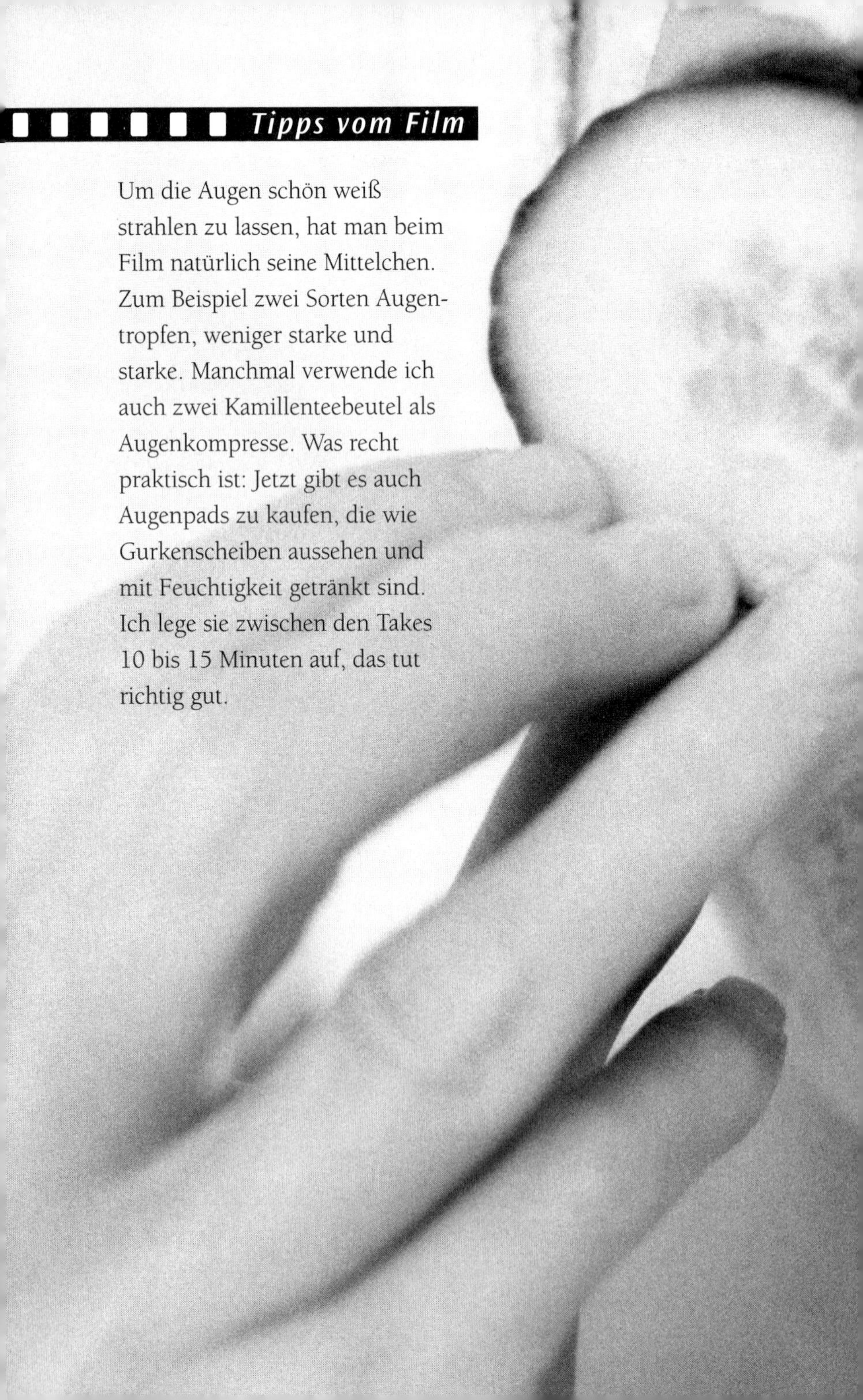

Make-up – das unsichtbare Kunstwerk

Ich würde es nicht schaffen, nur mit einer Hautcreme im Gesicht aus dem Haus zu gehen; ein ganz leichtes Make-up kommt immer darüber. Der absolute Naturlook ist nicht mein Stil. Ich finde es schöner, gut und perfekt geschminkt zu sein. Bei der Grundierung versuche ich genau meinen Hautton zu treffen. Da muss man variieren, weil im Sommer – auch wenn man das direkte Sonnenlicht meidet – die Haut leicht gebräunt wird. Außerdem wirkt die Hautfarbe unter der Sommersonne anders als im gedämpften Winterlicht. Wenn ich mir beim Farbton mal unschlüssig bin, mische ich hellere und dunklere Grundierungstöne in der Handfläche, bevor ich das Make-up auftrage.

Ich bevorzuge Grundierungen auf Feuchtigkeitsbasis und mit einem leichten Schimmer. Das total matte Make-up mochte ich nie besonders. Ich finde, auch das Gesicht kann ein wenig Glanz vertragen, es wirkt dadurch einfach strahlender.

Augenbrauen

Ich ärgere mich maßlos, dass ich mir mindestens zehn Jahre lang meine Augenbrauen ganz dünn gezupft habe. Jetzt muss ich sie malen, weil sie nicht mehr nachwachsen. Als junger Mensch weiß man gar nicht, was man anrichtet, wenn man sich die Brauen so radikal ausreißt. Man kann zwar alles künstlich wieder herstellen, aber ich bin nicht dafür, sich Augenbrauen – oder auch Lidstriche und Lip-

penkonturen – eintätowieren zu lassen. Das Permanent-Make-up ist mir persönlich ein Gräuel. Es sieht nur gekonnt aus, wenn man geschminkt ist. Ungeschminkt wirkt es künstlich und fremd im Gesicht.

Perfekt sehen gemalte Augenbrauen allerdings nur dann aus, wenn man mit dem Augenbrauenstift sorgfältig jedes Härchen einzeln strichelt. Wenn ich wenig Zeit habe, trage ich Augenbrauenpuder mit einem Pinsel auf, der so geschwungen ist, dass man die Brauenlinie gut nachfahren kann. Man muss allerdings vorsichtig sein, dass man sich keinen »Balken« malt.

Nach so vielen Jahren habe ich aber ziemlich Routine, das hinzukriegen. Gut ist es, das Ganze zu fixieren: mit Haarspray oder Gel die Brauen in die richtige Richtung bürsten.

Wimpern

Angefangen hat es in der Internatszeit mit der so genannten »Spucktusche«: Wimperntusche mit Bürste in einem kleinen schwarzen Kästchen. Was haben wir gespuckt und geschrubbt, meistens heimlich auf dem Schulweg, bis wir mit den dick beklebten Wimpern buchstäblich klimpern konnten.

Mit Mascara geht das Auftragen heute leichter – und es klebt auch nicht mehr. Zum Ausgehen oder beim Filmen finde ich es schön, wenn einzelne künstliche Wimpern zwischen die eigenen geklebt werden. Das zaubert wunderbar große Augen, aber es ist auch eine langwierige Prozedur – selber machen geht nur mit viel Routine. Am attraktivsten wirkt es, wenn die Augen mit langen Wimpern nach außen betont werden, damit sie etwas Katzenartiges bekommen. Durchgehend künstliche Wimpern nehme ich nur für den ganz großen Abendauftritt.

Lidschatten

Ich mag keine »bunten« Augen. Betonen ja, aber nicht bemalen. Blau oder Grün oder Rot oder Gelb, das ist das Richtige für Fotos oder für einen spektakulären Auftritt im eleganten Abendkleid. Aber sonst sollte Augen-Make-up dezent sein. Für den Lidstrich arbeite ich gern mit Stiften in Braun- und Beigetönen. Ich gebe auch auf den unteren Lidrand etwas Braunbeige, das ich aber dann verwische. Der erste Strich ist akkurat, anschließend gehe ich mit dem Q-Tip oder mit der Fingerspitze darüber, bis er weich wie ein Schatten wird. Flüssigen Lidstrich benutze ich nicht, damit wird mir der Strich zu hart. Meines Erachtens sollten auch blonde Frauen darauf achten, dass ihr Lidstrich nicht hart wirkt. Bei rothaarigen Frauen kann zartes Grün wunderbar aussehen. Unabhängig von der Haarfarbe soll Augen-Make-up für den Tag immer weich wirken.

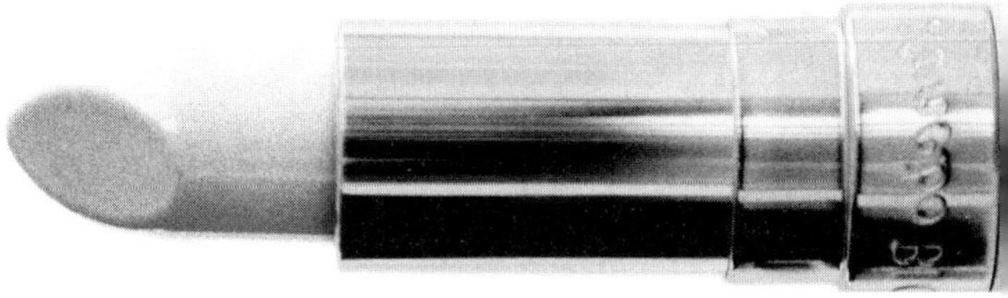

Lippen

Das erste heimliche Anmalen der Lippen fing mit etwa 14 Jahren an. Im Internat war Schminken absolut verboten, weshalb es ein ständiges Hin und Her zwischen Bemalen und Abwischen gab. Ein ziemlicher Aufwand, aber es war doch so ungeheuer wichtig, ganz helle Lippen zu haben! Meine erste Lippenfarbe war deshalb Penatencreme. Der Geschmack war grässlich, aber wir fanden uns mit diesen weißlichen Lippen wunderschön.

Heute gehört zu meiner stets griffbereiten Grundausstattung ein Lippenbalsam. Ich weiß gar nicht, wie oft am Tag ich damit über meine Lippen fahre, es ist schon eine automatische Handlung geworden. Gehe ich aus dem Haus, kommt Farbe auf die Lippen. Ohne Lippenstift fühle ich mich nackt. Außerdem sind mir meine Lippen zu schmal. Doch ich werde den Teufel tun, sie mit Einspritzungen aufplustern zu lassen. Ich male sie mir einfach breiter und verändere die Außenlinie mit einem Konturenstift. Aber immer in der Lippenfarbe, nicht in der Farbe des Stifts! Ich gebe zu, sogar am Strand schminke ich mir den Mund. Nicht mit einer knalligen Farbe, sondern eher im Ton meiner Lippen – und immer benutze ich Lippenstifte mit hohem Lichtschutzfaktor. Erst am Abend lasse ich Farben leuchten, passend zum jeweiligen Outfit.

Puder

Tagsüber verwende ich losen Puder, weil man ihn schöner und leichter auftragen kann. Für den Abend, für die Handtasche ist mir die Handhabung zu umständlich. Da nehme ich Kompaktpuder. Zum Auftragen stecke ich einen kleinen Pinsel ein, den man zusammenschieben kann. Damit aufgetupft, wirkt der Puder natürlicher. Benutzt man Pads, dann gilt ebenfalls: immer nur tupfen, nicht reiben.

Beim Film macht man natürlich wesentlich ausgemaltere Make-ups mit Grundierung, Puder und Rouge. Mit vielen verschiedenen Schattierungen und durch Einlegen von Farben kann man eine ganz andere Gesichtsform bekommen. Sogar das kleine Doppelkinn wird mit Farben gut kaschiert. Da wird bewundernswerte Arbeit geleistet – wie gesagt für die Kamera, nicht fürs Leben!

Löschpapier statt Puderdose

Arbeite ich angespannt, kommt mein Gesicht leicht ins Glänzen. Ich nehme dann gern die kleinen »Papier Poudré«, die das Hautfett wie ein Löschblatt aufsaugen und gleichzeitig einen Hauch von Puder auf der Haut zurücklassen. Man tupft die Papierblätter einfach auf die glänzenden Stellen. Sie werden als winzige Heftchen verkauft und ersetzen in Mini-Handtaschen die Puderdose.

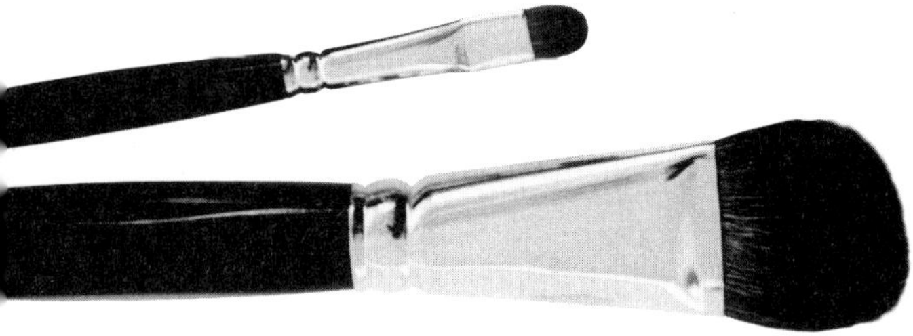

Rouge

Rouge nehme ich manchmal, wenn ich mich sehr blass fühle. Ich achte darauf, dass ich rosige Wangen nur andeute – bloß keine rot glühenden Apfelbäckchen! Auf meiner hellen Haut wirkt ein zartes Rosa am natürlichsten. Ich trage einen Hauch Puderrouge mit einem weichen Pinsel direkt auf die Wangenknochen auf und verstreiche ganz vorsichtig die Ränder. Für manche Filmrollen benutzt meine Maskenbildnerin eher kräftige Rougetöne, um die Konturen zu schattieren. Privat brauche ich bei meinen ausgeprägten Wangenknochen keine Modellierung.

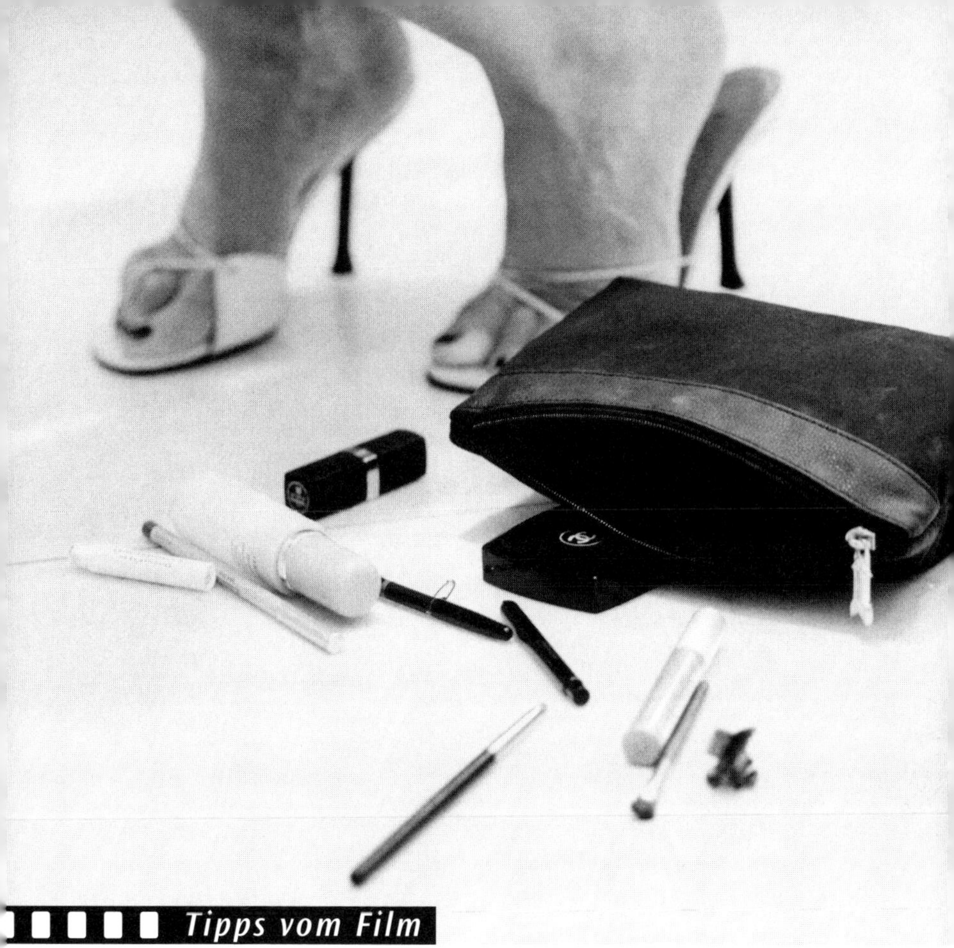

Tipps vom Film

Muss das Make-up für einen langen Drehtag halten, benutzt die Visagistin eine Fixiercreme. Sie wird rund um die Augen, auf das gesamte Oberlid, auf den Mund und die Lippenumgebung aufgetragen. Mit geschlossenen Augen muss man einige Minuten warten, bis der Auftrag trocken ist. Erst dann wird darüber geschminkt. Diese Vorbereitung bewirkt, dass Lidschatten nicht in den Augenfältchen verläuft und die Lippenkontur klar bleibt. Übrigens benutze ich die Creme auch privat gern.

Kopf hoch für ein schönes Kinn

Zu meinem Kummer stelle ich in letzter Zeit an mir fest, dass ich einen leichten Hang zum Doppelkinn habe. Darüber bin ich manchmal schon ein bisschen unglücklich, vor allem wenn ich Aufnahmen anschaue, auf denen der Doppelkinnansatz sichtbar wird. Beim Drehen gibt es Momente, in denen ich denke: Kopf hoch, damit man es nicht sieht. Schon der Gedanke verändert meine Bewegung, und es kann sogar passieren, dass ich dabei ganz »aus der Rolle« falle.

Diese Eitelkeit habe ich privat ebenfalls. Deswegen probiere ich alles Mögliche aus, was gegen ein Doppelkinn helfen könnte. Zum Beispiel ganz flach auf dem Rücken schlafen, nicht auf der Seite oder auf dem Bauch. Stelle ich beim Aufwachen fest, dass ich auf der Seite liege, rolle ich mich gleich wieder brav auf den Rücken. Ganz konsequent bin ich dabei leider nicht. Machen mir Schwellungen um die Augen mehr zu schaffen, lege ich ein Kissen unter den Kopf – denn dann soll es ja besser sein, nicht ganz flach zu liegen. Geht es mir aber mehr um mein Doppelkinn, fliegt das Kissen mit Hauruck wieder aus dem Bett.

Wie halte ich's mit dem Lifting?

Mit dieser Frage werden vor allem Schauspielerinnen (und immer mehr männliche Kollegen) konfrontiert. Doppelkinn und Tränensäcke finde auch ich nicht schön, aber ich versuche, mit den Ansätzen zu leben. Schließlich möchte ich ja nicht ewig die jugendliche Schauspielerin darstellen, die aufgrund ihres Alters eines Tages gar nicht mehr existiert. Man wird älter, und das Gesicht verändert sich. Das gehört nun einmal zu unserem Leben.

Natürlich kann man heute alles korrigieren. Ließen Frauen vor zwanzig Jahren ein so genanntes Facelifting machen, war das Ergebnis meist erschreckend, man hat oft in ein totes Gesicht geschaut. Inzwischen gibt es ganz andere Möglichkeiten, mit winzigen Korrekturen einzelne Gesichtspartien zu liften. Ob man das tut und wie viel man machen lässt, diese Frage muss jeder für sich beantworten. Was ich nicht mag, ist dieses Moralisieren in Deutschland. Hier gilt es anscheinend noch immer als Makel, sich das Gesicht operieren zu lassen. In Frankreich oder in den USA geht man wesentlich souveräner damit um.

In jungen Jahren habe ich gedacht, ich würde niemals einer Gesichtskorrektur zustimmen. Heute sehe ich das gelassener. Ich will nicht ausschließen, dass ich mein Doppelkinn eines Tages korrigieren lasse. Meine Hoffnung ist zwar, dass ich es schaffe, mit mir alt zu werden, so wie ich bin. Aber wenn jemand mit seinen hängenden Augenlidern oder seinem Doppelkinn unglücklich ist und eine Operation seinem Ego gut tut, warum sollte er sich dann nicht dafür entscheiden? Auf diesem Gebiet muss alles erlaubt sein, was einen zufriedener macht. Ich sehe zwar immer wieder Frauen – gera-

de in meinem Beruf –, bei denen ich mir denke: Oh nein, warum hast du dir das angetan! Aber es gibt sicher viele, bei denen das Lifting so gut gemacht ist, dass ich es gar nicht merke. Diese Menschen kann man nur beglückwünschen.

Sanfte Lifting-Methoden

Unterspritzen

Eigenfett oder Kollagen (entweder von BSE-freien Rindern oder aus Hyaluronsäure) wird mit feinen Kanülen direkt unter die Falten injiziert. Der Nachteil: Die Unterspritzungen bauen sich relativ schnell wieder ab – je nach Hauttyp zwischen drei und acht Monaten.

- Geeignet für Brauen-, Nasolabial- und Mundfalten.

Unterpolstern

Goretex-Fäden werden per Kanüle unter den Faltenverlauf gelegt. Oder Artecoll, eine Mischung aus Kollagen und winzigen Kunststoffkügelchen, wird unter die Haut gespritzt. Bei einer anderen Methode werden Fäden aus 24-karätigem Gold gitterartig durch die Unterhaut gezogen. Die Wirkung dieser Methoden ist langfristig.

- Geeignet für Brauen-, Nasolabial- und Mundfalten sowie zur Lippenvergrößerung.

Chemisches Peeling

Mit chemischen Lösungen (Trichloressigsäure, Salizylsäure, Glykolsäure, Milchsäure, etc.) werden mehrere Schichten der Oberhaut weggeätzt. Neu ist das »Blue Peel«; hier wird die Lösung mit Farbe gemischt, so kann bei der Behandlung genau kontrolliert werden, wie tief das Ätzmittel eindringt.

- Geeignet für starke Falten oder Pigmentstörungen.

Faltenentfernung mit Laser

Mit ultragepulstem CO_2-Laser-Licht werden Falten gezielt bestrahlt – nicht herausgeschnitten, sondern »verdampft«. Nach der Behandlung ist die Haut gerötet und geschwollen, nach drei Tagen bildet sich eine Hautkruste. Der Schorf löst sich nach etwa einer Woche ab. Für zwei bis drei Monate ist die Haut extrem sonnenempfindlich.

- Geeignet für das ganze Gesicht, außer Augenpartie und Hals. Besonders effektvoll bei einer durch zu viel Sonne vorzeitig gealterten, knittrigen Haut.

Biolifting

Dabei wird eine biologische Substanz in die Faltenbahnen gespritzt. Diese Substanz, Organlysate genannt, wird aus tierischen Organen gewonnen und ist kein Füllmaterial, sondern regt die vermehrte Bildung von körpereigenem Kollagen an. Gespritzt wird in wöchentlichen Abständen etwa zehnmal hintereinander; die Wirkung hält circa zwei Jahre an.

- Geeignet für Falten im Gesicht – auch um die Augen –, am Hals und am Dekolleté.

Ich zeig die Zähne

Einige meiner Zähne stehen schief. Da ich oft und gern lache, sieht man das auch deutlich. Jahrelang habe ich mich mit meiner Agentin gestritten, die unbedingt wollte, dass ich meine Zähne begradigen lasse. Glücklicherweise gab ich nicht nach, und heute bin ich froh darüber. Denn ich glaube, alles was zu einem individuellen Gesicht beiträgt, ist gut – nicht nur für eine Schauspielerin.

Gepflegte Zähne sind mir sehr wichtig. Zähneputzen nach den Mahlzeiten ist für mich ganz selbstverständlich. Ich habe auch immer Zahnseide in der Handtasche, für die kleine Reinigung zwischendurch. Ab und zu wende ich die amerikanischen Bleichzahncremes an, weil damit die Zähne so schön weiß werden. Da bei häufiger Benutzung der Zahnschmelz angegriffen wird, ist mein Zahnarzt total dagegen. Zweimal im Jahr lasse ich mir bei ihm den Zahnstein entfernen. Er findet, das genügt.

Das sagt der Zahnarzt von Iris Berben

In ihren Filmen fällt immer wieder Iris Berbens strahlendes Lachen auf – mit schönen Zähnen und gesundem Zahnfleisch. Das ist der Lohn für ihre Disziplin. Um die Zähne gesund zu erhalten, gilt nicht nur für Schauspieler:

- Zweimal täglich Zähne putzen, mit einer fluoridhaltigen Zahnpasta. Die Zahnbürste soll mittelhart sein, aus Kunststoffborsten, mit kleinem Kopf. Nach sechs bis acht Wochen austauschen.

- Zähne täglich einmal mit Zahnseide reinigen. Die Zahnseide – am besten ungewachste – bis unters Zahnfleisch schieben, um dort befindliche Ablagerungen zu beseitigen. Nur so vermeidet man Zahnfleischentzündungen und Parodontitis. Zahnseide macht Mundduschen und elektrische Bürsten überflüssig.

- Mindestens zweimal im Jahr die Zähne gründlich reinigen und polieren lassen. Ich mache dies mit Handinstrumenten, das ist gründlicher als jede Ultraschallreinigung.

- Wenn die Zähne mit den Jahren dunkler werden, wende ich chemisches Zähnebleichen an. Aber nur, wenn keine Füllungen vorhanden sind (weil diese sich nicht mit aufhellen lassen) – oder ich setze hellere Füllungen ein.

Schöne **HAARE** sind mein größter Wunsch

Schon als kleines Mädchen haben mich schöne Haare magisch angezogen. Meine Mutter erzählt, dass ich, kaum konnte ich laufen, wildfremden Frauen mit Wonne in ihren Haarschopf fasste.

Meine Haare sind leider meine schwache Stelle. Nicht nur, dass ich sie zu dünn finde – schon mit 24 entdeckte ich die ersten grauen zwischen meinen dunkelbraunen Haaren. Und das als Schauspielerin! Zu meinem Kummer muss ich seitdem färben.

- Ich wasche meine Haare jeden Morgen mit einem kleinen Klecks sehr mildem Shampoo.

- Nach dem Ausspülen mit warmem Wasser kommt abwechselnd Schaumfestiger oder Volumenspray drauf.

- Wenn ich nicht ganz furchtbar in Eile bin, vermeide ich das Föhnen. Stattdessen frottiere ich das Haar und wickle dicke Strähnen auf große weiche Wickler. Bis ich mit dem Make-up fertig bin, sind auch die Haare trocken.

- Sooft ich ein paar Stunden freie Zeit habe – wenn ich allein bin, auch über Nacht – gönne ich meinem Haar eine Ölpackung.

- Im Urlaub am Strand oder wenn ich in einem Spa bin, lasse ich das Öl den ganzen Tag, oft auch abends drin, frisiere mich einfach im Wet Look. Da kann man wunderbare Sachen kreieren, mit Kämmchen, mit Nadeln, mit witzigen Hüten.

In meiner freien Zeit will ich möglichst wenig Arbeit mit dem Frisieren haben. Frisch gewaschene Haare fallen ja eigentlich immer schön, ein perfekter Schnitt vorausgesetzt. Ich lasse meine halblangen Haare regelmäßig nachschneiden und kann sie so immer offen tragen.

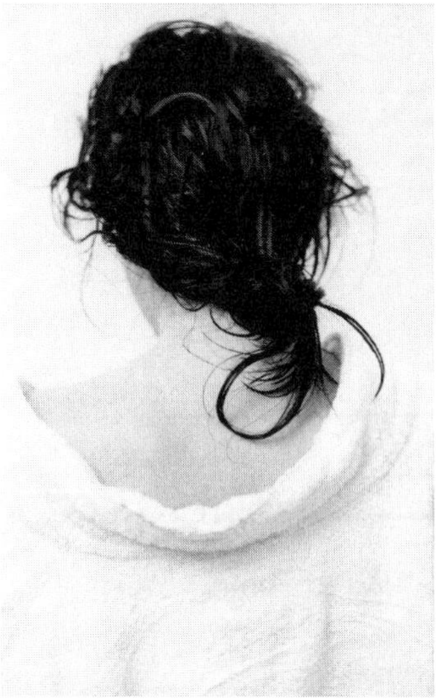

Nur wenn ich abends ausgehe, mache ich mir gern Hochfrisuren. Ich habe jede Menge Haarteile in allen Längen, um eine Banane, einen strengen Knoten oder eine wilde Wuschelei auf meinen Kopf zu zaubern. So wird es übrigens auch am Set gemacht: Wenn ich eine Frau mit ungepflegten Haaren zu spielen habe, kommen eben »ungepflegte« Haarteile oder Perücken auf mein Haupt.

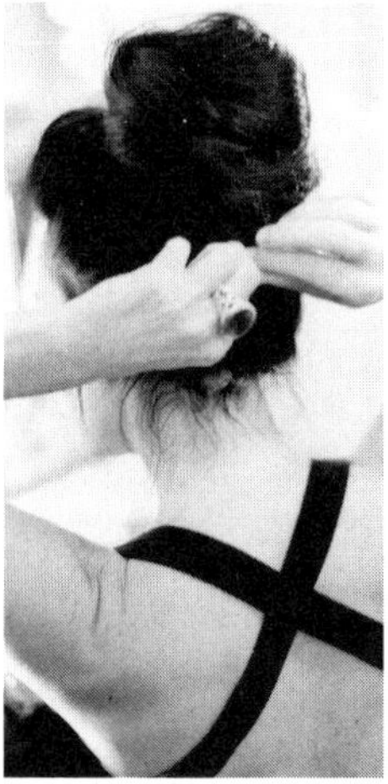

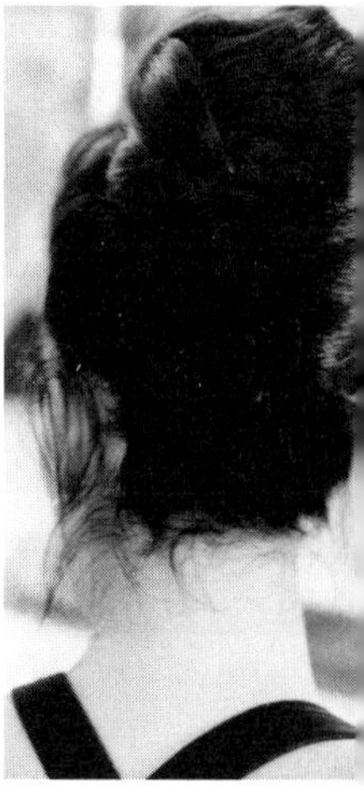

Das sagt der Friseur von Iris Berben

Alle zwei bis drei Wochen kommt Iris Berben zum Färben. Das ist natürlich ziemlich häufig, deshalb werden nur die Ansätze gefärbt, die Farbe wird nicht bis in die Spitzen gezogen. Damit die Haare in voller Länge nur einmal mit der Farbe in Berührung kommen und nicht bei jeder Ansatzkorrektur wieder strapaziert werden.

Für den Übergang und um die Haarfarbe schön aufzufrischen, verwenden wir keine Färbe-, sondern nur Tönungsmittel. Wir vari-

ieren diese Farbe von Mal zu Mal, so erzielen wir einen leichten Strähncheneffekt in verschiedenen Brauntönen.

Nach dem Färbevorgang bekommt Frau Berben eine Intensivpackung für gefärbtes Haar, die drei Minuten im Haar bleibt. Anschließend verteilen wir eine Lotion mit ätherischen Ölen im Haar, die es vor Austrocknen schützt. Für zu Hause nimmt sie Haaröl auf Jojoba-Basis mit.

Frau Berben strapaziert ihr Haar extrem – wenn sie bei Dreharbeiten ist, wird es täglich auf Heißwickel gedreht oder geföhnt und ist deshalb oft spröde und aufgeraut. Bei uns wird das Haar nur ein paar Minuten mit lauwarmem Föhn angetrocknet und darf ansonsten an der Luft trocknen.

Tipps vom Film

Bei Großaufnahmen darf am Haaransatz kein einziger Millimeter Grau zu sehen sein. Hier wird mit Augenbrauenpuder in der Haarfarbe – bei mir in Dunkelbraun – nachgeholfen, vorsichtig mit Wattebausch oder -stäbchen aufgetupft. Manche Maskenbildnerinnen arbeiten auch mit Mascara-Wimpernfarbe. Mir ist der Haaransatz damit allerdings zu steif. Ich habe in den USA Farbsticks, speziell für die Haare, entdeckt. Damit lassen sich die Haare, einzeln oder in Strähnchen, ganz leicht nachziehen. Beim Waschen löst sich die Farbe wieder auf.

Was tun, wenn die Haare grau werden?

Der vernünftigste Kompromiss zwischen Färben und Schonen der Haare sind Strähnchen. Sie müssen nur alle sechs bis acht Wochen nachgefärbt werden. Dann ist auch ein guter Haarschnitt fällig. Die Strähnen sollten nicht sehr von der eigenen Farbe abweichen, sondern eher »changieren«, dann sieht man die Ansätze nicht so genau.

Für blonde Frauen ist die Strähnchen-Therapie ideal, weil Blond und Grau sich lange Zeit fast unsichtbar mischen.

Dunkelhaarige Frauen können sich dunkle Strähnen färben lassen und darüber eine hellere Tönung legen, dadurch wirkt die dunkle Farbe nicht so massiv. Die Tönung wäscht sich peu à peu wieder heraus. Dunkel durchgefärbtes Haar sieht eigentlich nur an Frauen gut aus, die immer perfekt geschminkt sind. Ohne Make-up wirken dunkle, gefärbte Haare sehr hart.

Kurze Haare vertragen eine intensivere Färbung als lange, weil sie locker fallen und den Ansatz nicht so deutlich zeigen.

Da mit zunehmenden Jahren die Haare, ebenso wie die Haut, trockener werden, sollte man sie möglichst oft mit Ölpackungen verwöhnen oder zumindest mit feuchtigkeitsspendenden Spülungen. Und ja nicht zu heiß föhnen!

Wie ich meinen **KÖRPER** verwöhne

Das waren noch Zeiten, als ich mir sorglos ein sehr heißes Bad einlaufen ließ und ewig drin liegen blieb! Zwar bade ich immer noch täglich, aber kontrolliert.

Inzwischen habe ich mir angewöhnt, nur angenehm warm statt heiß zu baden. Dafür bereite ich mir mit duftenden Ölen und Badezusätzen (aus Israel schleppe ich immer Mengen von aufbereitetem Meersalz an) allabendlich ein Ritual.

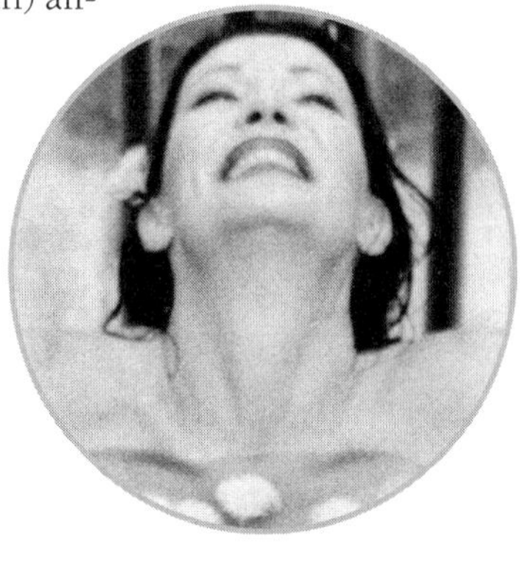

Mit dem Abendbad komme ich zur Ruhe. Der Stress des Tages wird »weggebadet«. Selbst wenn ich erst morgens um vier Uhr nach Hause komme – Bad muss sein. Ich lasse den vergangenen Tag noch einmal vorüberziehen, schminke mich ab, höre Nachrichten, stelle mir vielleicht ein Glas Rotwein auf den Wannenrand. Höchstens eine Viertelstunde bleibe ich im Wasser, und wenn ich aus der Wanne steige, lasse ich das Öl auf meiner Haut. Ich tupfe nur leicht die Feuchtigkeit ab und schlüpfe so zwischen die kühlen Laken, herrlich!

Baden in Rosenduft

Außer den fertig gemischten Badeölen der Kosmetikhersteller kann man für das Vollbad auch ätherische Öle verwenden. Sie duften nicht nur wunderbar, sondern beeinflussen auch das Wohlbefinden. Drei bis fünf Tropfen pur ins Badewasser träufeln oder mit einem Becher Sahne, einer Tasse Milch oder einem Esslöffel Honig verrühren und dann ins Wasser geben.

Ätherische Öle zum Entspannen

Lavendel oder Melisse zum Beruhigen, für guten Schlaf

Ravensara (Nelken-Nussbaum) für frische Energie und erholsamen Schlaf

Lemongrass gegen nervöse Erschöpfung

Pfefferminze für einen klaren Kopf

Manuka für seelische Ausgeglichenheit

Rosenöl gegen Stress und Kopfschmerzen

Pflege am Morgen

Kalt duschen. Ich gebe zu, dass ich das eher auf den Sommer beschränke. Im Winter lasse ich das Wasser lauwarm laufen. Es klingt komisch, aber kalt duschen gehört zu den Dingen, die ich noch heute vor allem meiner Mutter zuliebe tue. Was hat sie mich als Kind damit getriezt, und wie oft habe ich mich gedrückt. Immer wenn ich mich überwinde und der kalte Wasserstrahl über meinen Rücken läuft, fällt mir wieder der Satz ein: Ja, Mami, ich habe kalt geduscht!

Peeling. Ich mag die duftenden Lotionen und Gels mit winzigen Schleifkörnchen. Es gibt mir ein gutes Gefühl, den Körper beim Duschen damit einmal in der Woche abzurubbeln.

Rubbeln. Ich liebe dicke, flauschige, weiche Handtücher zum Abtrocknen. Trotzdem habe ich immer ein paar harte Walkfrottiertücher im Bad, mit denen ich mich nach dem Duschen von oben bis unten kräftig abrubble. Das ersetzt mir nicht nur das Peeling, es bringt auch meine Blutzirkulation auf Touren – danach ist die Haut am ganzen Körper schön rosig.

Eincremen. Das morgendliche Eincremen ist für mich selbstverständlich. Am liebsten nehme ich leicht ölhaltige Cremes und Lotions, aber nur, was schnell in die Haut einzieht. Ich mag es nicht, wenn der Fettfilm statt von der Haut von meiner Kleidung aufgesaugt wird.

- **Trockenbürsten.** Viele meiner Schauspielerkolleginnen schwärmen davon, es soll ein echter Jungbrunnen sein. Ich glaube es gern – und mache es trotzdem nicht.

- **Süßes Körperpeeling.** Diesen Tipp habe ich von einer Freundin: Vier Esslöffel Babyöl mit einem Löffel Zucker verrühren und damit den ganzen Körper abreiben – besonders gründlich Knie, Ellbogen und den Po. Sehr appetitlich!

Was mir lästig ist

Körperhaare. Meine Beine lasse ich alle vier bis sechs Wochen bei der Kosmetikerin mit Heißwachs enthaaren. Je öfter man das macht, umso weniger wächst nach. Dann kommen nur noch weiche Minihärchen, die man kaum spürt. Mein Fehler ist nur, dass ich bei Dreharbeiten auswärts doch öfter zum Nassrasierer greife. Danach werden die Härchen wieder härter und müssen länger rauswachsen, bevor das Heißwachs greift. Die Achselhaare rasiere ich selbst, ebenso die Schamhaare, da ist mir das Heißwachs zu schmerzhaft.

Cellulite. Na klar sieht man hier und da ein paar Dellen. Ich fange gar nicht erst an, dagegen kosmetisch vorzugehen, denn ich glaube nicht an die Cremes, die man sich einmassiert, und schon geht angeblich die Cellulite weg. Bei Sportlerinnen sieht man kaum jemals Cellulite. Nun mag ich aber leider keinen Sport, mache aber zumindest (fast) täglich meine durchblutungsfördernden Fitness-Übungen. Denn wo ein Muskel ist, da ist kein Fett. Und wo kein Fett ist, da können auch keine Cellulite-»Dellen« entstehen.

Besenreiser. Glücklicherweise habe ich im Gesicht kein Problem mit roten Äderchen. Nur an den Beinen sehe ich bei kritischem Hinschauen einige, die ich mir demnächst entfernen lasse. Ich will vorher im Gespräch mit spezialisierten Ärzten herausfinden, ob sie besser verödet oder mit Laser behandelt werden. Die Venenschwäche, aus der Besenreiser entstehen, ist zum Teil Vererbung. Um den »Schaden« zu begrenzen, soll man viel Gemüse essen, das antioxidative Stoffe enthält. Zu meinem Glück esse ich alle Gemüsesorten gern, den »Rest« schiebe ich in Pillenform nach.

Handpflege auf Hausfrauenart

Ich bin nicht sehr zufrieden mit meinen Fingernägeln, sie sind dünn und brüchig. Natürlich probierte ich im Laufe der Jahre alles aus, was Nägel härter machen soll. Von Speziallack bis zu Spezial-Lackentferner, von Kalzium bis Kieselerde. Einen Unterschied merkte ich nicht. Darum habe ich mir schon lange angewöhnt, meine Nägel kurz zu schneiden und farblos zu lackieren. Wenn ich Zeit habe, lasse ich sie mir maniküren, aber ebenso oft mache ich das selbst. Beauty-Termine sind ja immer auch ein Zeitproblem. Dafür gehört Handcreme zu meinem Stand-by-Set in der Handtasche und kommt gewohnheitsmäßig nach jedem Händewaschen zum Einsatz.

Beim Kochen kriegen die Hände eine Extraportion Pflege: Wann immer ich Olivenöl verwende – und das geschieht häufig –, verreibe ich ein paar Tropfen auf den Handrücken. Und wenn ich eine Zitrone auspresse, massiere ich mir etwas Saft in die Nagelhaut. Schon meine Großmutter sagte, das stärkt die Nägel und verhindert weiße Streifen. Ob es wirklich etwas bringt, weiß ich nicht, aber es ist angenehm.

Fußmassage zur Belohnung

Ich gehe gern zur Pediküre, weil ich keine Hornhaut an den Füßen mag. Und weil ich Fußmassage so herrlich finde. Insbesondere nach Drehtagen, an denen man endlos lange herumsteht, brauchen auch die Füße eine Belohnung. Bin ich sehr erschöpft, gehe ich zu einer Fußreflexzonen-Masseurin. Jedes Mal derselbe verwunderliche Effekt: Obwohl sie die Druckpunkte kräftig massiert und presst, schlafe ich dabei kurz ein. Nach der Massage jedoch fühle ich mich so leicht, dass ich wie auf Wölkchen schwebe.

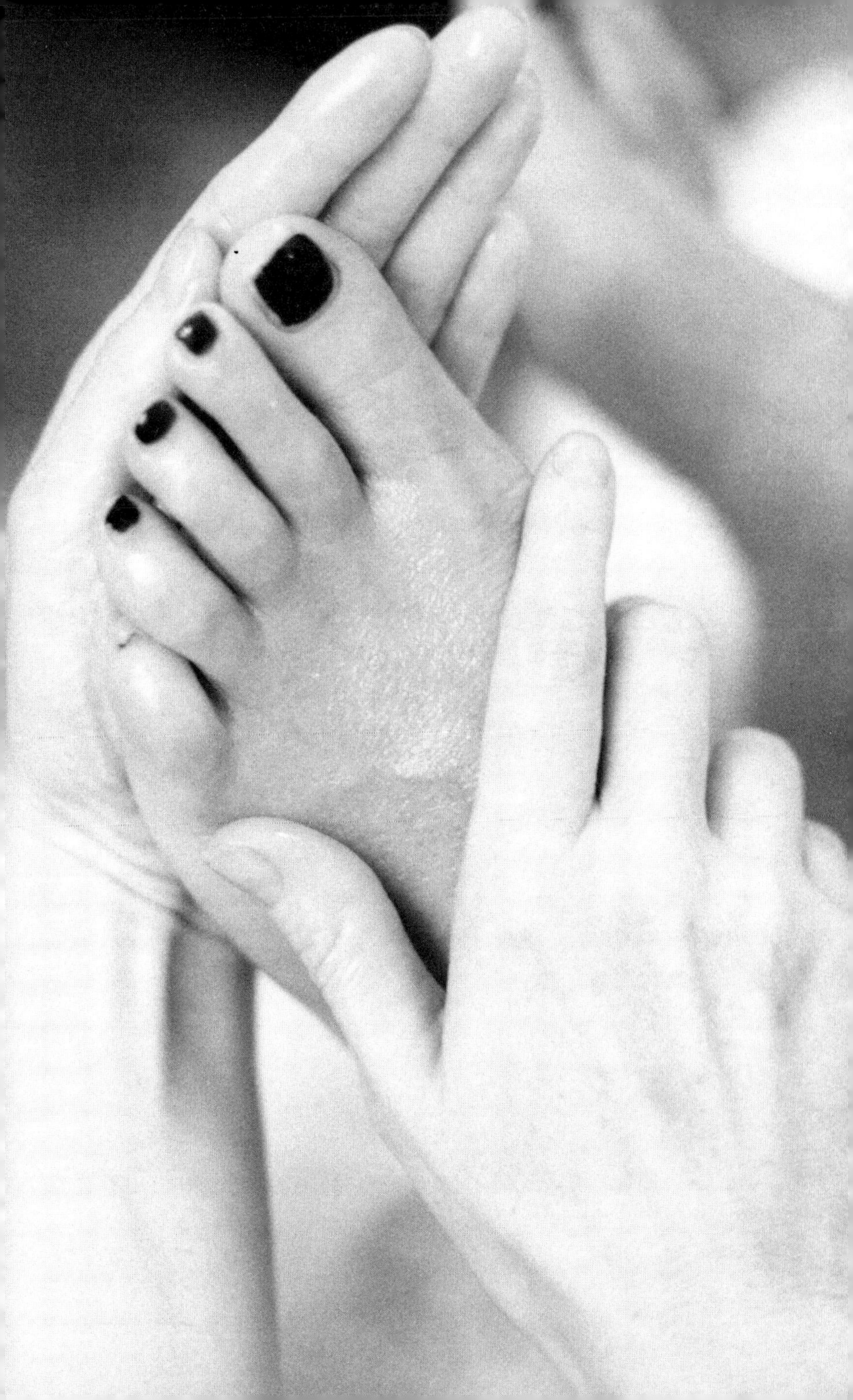

Tipps vom Film

Für sommerliche Szenen sollen die Schauspieler plötzlich am ganzen Körper sonnenbraun sein: Das erreicht man besser mit Selbstbräuner als mit Schminke. Meine Maskenbildnerin mischt die Bräunungslotion in ihrer Handfläche mit Hautcreme. Diese Mischung lässt sich gleichmäßig – bei Bedarf auch mehrfach – auftragen, sie verhindert, dass die Bräunung fleckig wird.

Meine liebsten Parfums

Ich benutze Parfum je nach Stimmung. Immer wieder den Klassiker Chanel No. 5. Und für den Abend abwechselnd verschiedene Guerlain Parfums: vor allem Vol de Nuit und Shalimar (auch fürs Bad) und das neue Mahora. Am Tag eher die leichten, zitronigen Düfte. Aber alles sehr diskret – am liebsten nur so viel, dass jemand hinter einem herschnuppert und sich fragt, welcher Duft das wohl ist. Mehr nicht.

FITNESS ja, aber bitte ohne Anstrengung

Im Grunde meines Herzens bin ich ein absoluter No-Sports-Typ. Ich riskiere immer, belächelt zu werden, wenn ich das sage. Straff und elastisch halte ich mich mit gezielten Übungen.

Natürlich probierte ich alle möglichen Sportarten aus – meist, weil ich sie für eine Rolle im Film brauchte. So habe ich zum Beispiel eine Zeit lang Tennis mit Trainer gespielt. Bei meiner Mutter in Portugal lernte ich Reiten auf Stierkampfpferden. Irgendwann brachte man mir einen Golfschlag bei. Ab und zu laufe ich auch Ski – wegen mangelnder Übung nicht gut, aber mit Vergnügen.

Für mein knapp bemessenes Privatleben ist mir richtiger Sport zu zeitraubend. Als gesundheitsbewusster Mensch verordne ich mir allerdings einiges, um mich in Form zu halten:

Ich schwimme in jedem Hotelpool

Da ich bei Dreharbeiten oft wochenlang in Hotels lebe, nutze ich jede Gelegenheit zu schwimmen. Wasser ist für mich ja ohnehin ein Lebenselixier, Schwimmen ist wie ein Abstreifen des Alltags. Am schönsten ist es natürlich im Meer, wo man wegen des Salzgehalts auch noch getragen wird. Aber schon ein Pool von zehn Metern Länge hilft mir, die Muskelverspannungen nach einem Drehtag zu lockern. Außer jeweils zehn Minuten Brust- und Rückenschwimmen mache ich noch ein paar entspannende Wassergymnastik-Übungen.

Ich gehe so oft wie möglich zu Fuß

Langsam vor mich hin zu spazieren ist nicht meine Sache, meine Gangart ist immer schnell. Bei jeder meiner verschiedenen Wohnungen befindet sich ein Park in unmittelbarer Nähe, und da drehe ich möglichst einmal am Tag eine kurze, schnelle Runde. Regen und Kälte sind für mich kein Hindernis – umso schöner ist hinterher die heiße Dusche! Erledigungen und Besuche mache ich zu Fuß, wann immer es die Zeit erlaubt. Und bis zum fünften Stock sieht mich kein Lift von innen.

Ich tanze leidenschaftlich gern

Ich muss zugeben, dass ich in Deutschland in der Öffentlichkeit nur selten tanze. Auf Privatreisen im Ausland fühle ich mich freier. Dort kann ich mich austoben, das tut mir wohl. Es ist schön, sich in den eigenen Bewegungen zu spüren.

Manchmal drehe ich auch zu Hause die Musik laut auf und tanze allein. Das ist eine tolle Form von Gymnastik, sie liegt mir mehr als gymnastisch wertvolle Übungen.

Ich lasse mich regelmäßig massieren

Fast alle Schauspieler klagen über Verspannungen – ich bin da keine Ausnahme. Was der Zuschauer nicht sehen soll: Für jede Bewegung gibt es eine Markierung auf dem Fußboden. Sich exakt dort aufzuhalten wird so lange geprobt, bis man immer in der Idealposition für die Kamera bleibt. Durch die ständige Konzentration auf Text, Gesten und Timing ist man nie völlig entspannt. Ich habe jahrelang immer wieder Kopfschmerzen von der Anstrengung im Nackenbereich gehabt. Inzwischen kenne ich an einigen Drehorten gute Masseure, die ganz konventionelle medizinische Massagen geben, um die »Knoten« wieder aufzulösen. Sie brachten mir auch ein paar gute Griffe bei, wie ich mich selbst massieren kann.

Fünf gute Griffe

Selbsthilfe gegen Verspannungen

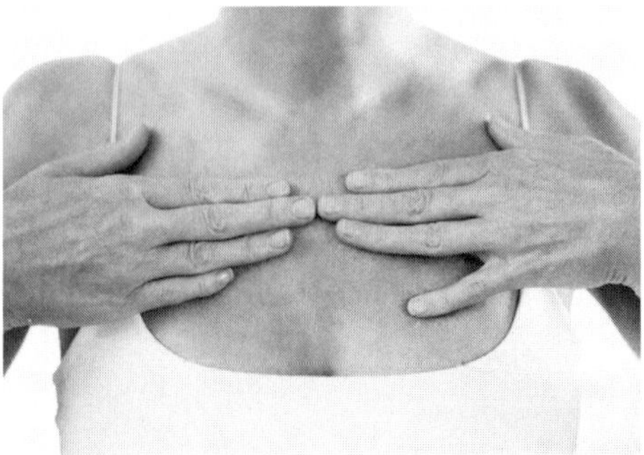

1 **Beruhigt die Nerven.** Mit den Fingerspitzen auf Brustkorb und Dekolleté (nicht auf der Brust) drücken, kreisen, leicht vibrieren.

2 **Befreit von Kopfschmerzen.** Handwurzeln auf die Schläfen legen, im Wechsel andrücken, drehen und locker lassen.

3 **Lockert die Schultern.** Mit beiden Händen die verkrampften Muskeln im Nacken und am Hals abwechselnd drücken, kreisen und kneten.

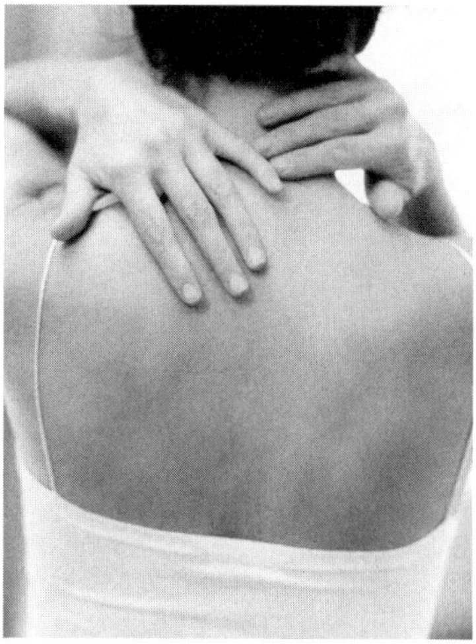

4 **Hilft gegen müde Augen.** Fingerspitzen in Augenhöhe auf die Nasenwurzel setzen. Sanft drücken, kreisen und vibrieren.

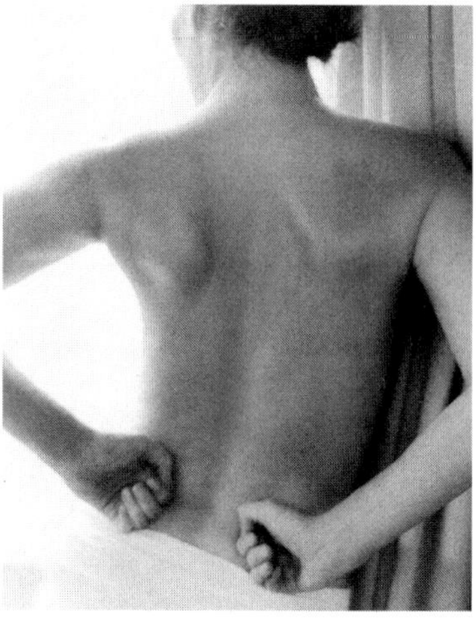

5 **Entlastet die Wirbelsäule.** Mit beiden Fäusten auf die Rückenmuskeln unterhalb der Taille klopfen. Das Klopfen soll locker, eher ein Trommeln sein.

Für Körper und Seele

Die Massagen, die ich mir im Urlaub in den Hotels gönne, sind mehr Luxus und bedeuten Verwöhnenlassen, denn die allerwenigsten Hotelmasseure sind so gut ausgebildet, wie es eine medizinische Massage erfordert. Aber Verwöhnmassagen haben auch ihr Gutes: Sie schmeicheln dem Körper und der Seele.

Ich halte morgendliche Fitness-Übungen ein

Zwar muss ich mich jeden Morgen dazu überwinden, aber nach einer viertel bis halben Stunde Dehn- und Power-Programm (je nachdem, wie rechtzeitig ich aufstehe) fühle ich mich wunderbar frisch. Meine Gymnastik ist eine unkonventionelle Mischung aus verschiedenen Techniken und Fitness-Moden. Stretching, Bodybuilding, Yoga, Pilates, Meditation und Muskelaufbau – zusammen mit einem Personal Trainer erarbeitete ich mir, was mein Körper braucht und was meiner Seele gut tut. Und – ganz wichtig – was ich überall, zu Hause und auf Reisen, durchführen kann. Ohne Hilfsgeräte, ohne Hanteln, ohne Kraftmaschinen.

Mein Energie-Programm für Busen, Bauch und Po

Auf die Seite rollen, Beine liegen aufeinander. Hüfte leicht nach vorn kippen. Aufstützen, Schulter und Ellbogen bilden eine Linie.

Linkes Bein mit durchgedrücktem Knie langsam heben, so hoch es geht. Rücken gerade halten. Bein senken. 10-mal wiederholen.

Jetzt das Knie im rechten Winkel Richtung Schulter ziehen, langsam und kraftvoll. 10 mal wiederholen. Nun auf die andere Seite rollen und beide Übungen 10-mal mit dem rechten Bein durchführen.

Mit geradem Rücken auf den Boden setzen. Arme aufstützen, Beine anwinkeln. Kein Hohlkreuz!

Beine hoch und »Rad fahren«. Mindestens eine halbe Minute lang.

Für Fortgeschrittene: Arme und Beine heben, Oberkörper nach rechts drehen, rechtes Knie hochziehen. Linkes Bein strecken. Jetzt umgekehrt: Oberkörper nach links drehen, linkes Knie hoch. Bauch dabei einziehen. Mindestens 10-mal wiederholen.

Breitbeinig hinstellen,
Füße nach außen,
Arme in Schulterhöhe.
Becken nach vorn.

Mit geradem Rücken
in die Knie gehen.
Körperschwerpunkt
ist genau in der Mitte.

Eine Ferse anheben,
kurz halten, absetzen.
10-mal wiederholen,
dann mit der anderen Ferse.

Jetzt beide Fersen
gleichzeitig anheben,
kurz halten, absetzen.
10-mal wiederholen.

Extra: Die drei Berben-Specials

1 **Der Storch.** Aufrecht auf dem rechten Bein stehen, den linken Fuß mit der linken Hand gegen den Po drücken. Ein paar Minuten – oder so lange, wie man es durchhält – auf einem Bein stehen bleiben, dann Wechsel zum anderen Bein.

2 **Der Tango.** Arme in Schulterhöhe nach vorn, rechte Hand im rechten Winkel nach oben, linke Hand zieht rechten Ellbogen so weit wie möglich nach links. Der Oberkörper darf leicht mitgehen. Die Spannung im Rücken eine Minute aushalten. Arme wechseln.

3 **Der Fahrstuhl.** Mit dem Rücken aufrecht an die Wand lehnen, Fersen etwa 20 cm von der Wand entfernt. Pobacken anspannen, mit dem Rücken langsam an der Wand heruntergleiten.

Tipps vom Film

Kommt es bei Nahaufnahmen auf schöne Hände an, werden sie vorher besonders sorgfältig gecremt und massiert. Und weil mit zunehmenden Jahren die Adern auf den Handrücken stärker hervortreten, erinnert die Maskenbildnerin in den Pausen daran: Hände hoch, um das Blut besser zirkulieren zu lassen! Manchen Schauspielerkollegen ist das schon zur Gewohnheit geworden – während sie auf ihren Auftritt warten, lassen sie ihre erhobenen Hände wie Quirls rotieren.

Tritt vom Trainer

Würde ich ein regelmäßigeres Leben führen, hätte ich gern einen Personal Trainer. Im Spa vom Brenner's Parkhotel ließ ich mich zum ersten und einzigen Mal von so einem Fachmann »coachen«. Nicht nur, dass er aufmerksam herausfand, welche Übungen für meinen Körperbau angemessen sind, er weckte auch mein eigenes Interesse daran. Und er gab mir – bildhaft gesprochen – einen kleinen Tritt in den Hintern, so intensiv und lange zu trainieren, wie ich es allein nie fertig bringe. Ich hätte nicht geglaubt, dass man zwei oder drei Stunden durchhalten kann, und sogar mit Spaß!

Wie ich zur Ruhe komme

Filmen ist der schönste Beruf, den ich mir vorstellen kann. Es ist aber auch harte Arbeit, die einem mental keinen Feierabend gönnt. Man kann ewig in seiner Rolle stecken bleiben, wenn man sich nicht darin übt, abzuschalten. Als ich jünger war, kritisierten mein Mann und meine Freunde oft, dass ich am Abend immer noch »spielte«, weil ich so übertourt war. Heute bemühe ich mich, nach den Dreharbeiten abends allein zu sein. Ich lasse meinen Gedanken freien Lauf, versuche, sie zu ordnen und Wichtiges zu formulieren, bis ich ruhig werde und entspannt. Ich drehe nur selten dort, wo ich zu Hause bin, und das ist mir ganz recht. Finden die Dreharbeiten allerdings in München statt, wo mein Mann und ich wohnen, wird es ein bisschen kompliziert. Denn natürlich möchte ich dann auch für ihn da sein – und es gibt ja immer etwas zu besprechen und zu erzählen. Aber nach Drehtagen von vierzehn bis sechzehn Stunden bin ich oft ziemlich ausgelaugt. Dann ziehe ich mich wenigstens für ein Weilchen zurück, um Abstand zu gewinnen und mich in die private Iris zurückzuverwandeln.

Die Leute denken, Filmen sei Glamour. Glamour ist, wenn du bei der Filmpremiere in einem wunderschönen Kleid auf dem roten Teppich stehst. Aber die Arbeit selbst ist kein bisschen glamourös, das ist Disziplin, Anspannung, Funktionieren. Da stehst du oft mit Gummistiefeln und langen Unterhosen, um nicht zu frieren, in irgendwelchen tristen Hinterhöfen und wartest auf deinen Auftritt.

Ich lebe sehr gern in Hotels. Dort abends die Tür hinter mir zuzumachen, niemandem mehr antworten zu müssen, das ist Erholung für mich. Natürlich habe ich inzwischen eine bestimmte Vorstellung, wie ein Hotel sein muss, damit ich es bequem und angenehm finde. Einen gewissen Komfort brauche ich schon. Am wichtigsten ist mir ein schönes Badezimmer. Zum abendlichen Ausklang lasse ich mir ein duftendes Ölbad ein, stelle mir ein Glas Rotwein auf den Wannenrand und denke nach: Worüber ich in der Probe unzufrieden war, was ich gern noch mal anders machen würde, was mir gefallen hat. Das brauche ich, um zu relaxen. Deswegen mag ich es nicht besonders, wenn mein Mann mich während der Dreharbeiten besucht. Inzwischen kommt er nur, wenn ich einige Tage frei habe.

Meine Schlafgewohnheiten

Ich brauche acht bis neun Stunden Schlaf. Die bekomme ich aber nicht, wenn ich arbeite. Noch lieber würde ich neun bis zehn Stunden schlafen – wenn ich nicht das Gefühl hätte, die Zeit rennt mir weg. Ich bin jemand, der spät zu Bett geht und gern am Morgen lange schlafen würde. Das ist bei der Filmarbeit gar nicht möglich, denn man muss sehr früh aufstehen. So gewöhne ich mir immer wieder einen anderen Rhythmus an. Jede Umstellung dauert ein paar Tage, dadurch bekomme ich insgesamt sicher zu wenig Schlaf. Dabei bräuchte ich ihn mit den Jahren dringender als früher, um Kraft zu tanken.

In meiner Freizeit gönne ich mir schon mal, bis mittags oder sogar den ganzen Tag im Bett zu bleiben. Das tut mir unendlich gut. Ich empfinde es immer noch ein bisschen wie »über die Stränge schlagen«, und das zuzulassen bereitet mir eine geradezu kindliche Freude.

Zum Schlafen brauche ich Dunkelheit. Sonst muss ich eine Schlafmaske aufsetzen. Ich schlafe außerdem besser auf harten Matratzen. Mir tut am nächsten Morgen jeder Knochen weh, wenn ich zu weich liege. Durch mehrere Monate Hotelaufenthalt im Jahr ist man ja einiges gewöhnt. Aber man wird auch Matratzenspezialist. Ich habe bereits versucht, Schranktüren auszuhängen und sie unter eine durchgelegene Matratze zu schieben. Tatsächlich kann ich sehr penetrant sein, bis das Hotel mir eine harte Matratze beschafft.

In guten Hotels findet man heute keine weichen Matratzen mehr, aber bei Außenaufnahmen kommen wir oft an Orte, wo man keine Forderungen stellen kann. Das führte schon dazu, dass ich den Beleuchter fragte: »Haben Sie nicht ein großes Brett übrig, das ich unter meine Matratze legen kann?«

Ich schlafe das ganze Jahr über nackt, ein Nachthemd würde mich einengen. Ausnahme: Die eisig kalten Nächte im Winter in den Bergen – da ziehe ich freiwillig ein T-Shirt an. Die Heizung drehe ich immer und überall ab, weil ich die trockene Luft nicht aushalte. Und ein Fenster öffne ich auch; bei Kälte muss eben die Decke dicker sein.

Im Flugzeug

Fliegen gehört zu meinem Beruf. Manchmal sitze ich alle paar Tage im Flugzeug, das nehme ich mittlerweile so hin. Trotzdem – wenn man in Turbulenzen gerät, bekomme ich immer wieder mal leichtes Herzklopfen. Da fallen mir dann all die unangenehmen Notlandungen ein, die ich schon erlebt habe.

Auf Langstreckenflügen verhalte ich mich inzwischen sehr diszipliniert. Früher genoss ich es, reichlich Rotwein zum Essen zu trinken und dann zu schlafen. Das vertrage ich nicht mehr, es geht mir dann den ganzen nächsten Tag schlecht.

- Heute nehme ich ein Glas Rotwein am Abend, aber nicht mehr. Stattdessen versuche ich, so viel Wasser wie möglich zu trinken.

- Meine Sprayflasche Wasser fürs Gesicht habe ich sowieso immer bei mir. Solange ich wach bin, wird stündlich gesprüht.

- Ich versuche, im Flugzeug möglichst viel zu schlafen. Deshalb trage ich beim Fliegen bequeme Kleidung und ziehe sofort die Schuhe aus.

- Nach dem Essen lege ich die Beine hoch, setze Schlafmaske und Kopfhörer auf (ohne Programm).

- Am Ziel angekommen, passe ich mich so schnell wie möglich der veränderten Zeit an: Wenn dort Tag ist, bleibe ich auf, wenn dort Abend ist, gehe ich ins Bett. Und außerdem: Selbst wenn ich irgendwo müde ankomme, finde ich es immer spannend, mir zuerst die neue Umgebung anzuschauen.

- Mein Tag-/Nachtgefühl versuche ich, mit Melatonin zu regeln, das ich nach dem Dosierungsplan eines amerikanischen Gesundheits-Forschungsinstituts einnehme.

Rezept gegen Jetlag

Melatoninpillen enthalten üblicherweise 2 bis 5 Milligramm Melatonin. Für das Verstellen der inneren Uhr reicht jedoch ½ Milligramm, die Tabletten müssen also entsprechend zerkleinert werden.

Ausnahme: Wenn die angegebene Einnahmezeit vor dem Schlafengehen liegt, soll man 2 bis 3 Milligramm nehmen (zum Beispiel bei langen Flügen nach Osten).

Einnahmeschema für Melatoninpillen

Flug nach Westen, 1 bis 6 Stunden Zeitunterschied

Tag –1 und 0:*	beim Aufwachen
Tag 1:	beim Aufwachen, egal wie früh
Tag 2 und 3:	jeweils eine bis zwei Stunden später als am Vortag

Flug nach Osten, 1 bis 6 Stunden Zeitunterschied

Tag –1 und 0:	gegen 15 Uhr
Tag 1:	wenn es am Abflugort 15 Uhr ist
Tag 2 und 3:	jeweils eine bis zwei Stunden früher als am Vortag

Flug nach Westen, 7 und mehr Stunden Zeitunterschied

Tag –1 und 0:	beim Aufwachen
Tag 1:	beim Aufwachen, egal wie früh
Tag 2, 3 und 4:	jeweils eine bis zwei Stunden später als am Vortag

Flug nach Osten, 7 und mehr Stunden Zeitunterschied

Tag –1, 0 und 1:	wenn es am Abflugort 15 Uhr ist (auch während des Flugs!)
Tag 2, 3 und 4:	jeweils eine bis zwei Stunden früher als am Vortag

* ***Tag –1*** **= Tag vor dem Abflug**
Tag 0 **= Abflugtag**
Tag 1 **= Ankunftstag**
Tag 2 **= erster voller Tag am Ziel**
Tag 3 **= zweiter Tag am Ziel**
Tag 4 **= dritter Tag am Ziel**

Gut **ESSEN** – meine dritte Leidenschaft

Mir schmeckt einfach alles – vom Schmalzbrot bis zum Hummersoufflé. Ich verbiete mir auch nichts, aber mein Bewusstsein für gesundes Essen nimmt zu.

Wenn ich gut essen als meine dritte Leidenschaft bezeichne, dann steht an zweiter Stelle Kochen. Meine selbst zubereiteten Abendessen sind bei Freunden äußerst begehrt. Sollten Sie jetzt nach meiner ersten Leidenschaft fragen: Die bleibt mein »Betriebsgeheimnis«!

Meine Essgewohnheiten folgen mehr dem Lustprinzip als einem Gesundheitsplan. Es gibt keinerlei Tabus. Allerdings haben sich meine Geschmacksnerven im Laufe der Jahre offensichtlich umgestellt. Obwohl ich mich nicht als Vegetarierin bezeichne, merke ich, dass ich weniger Fleisch esse als früher, dafür zwei-, dreimal in der Woche Reis – und immer wieder Nudeln in jeder Form. Pasta kann ich in großen Mengen in mich hineinschaufeln. Ebenso Gemüse und Salate. Außerdem Fisch und Krustentiere in sämtlichen Variationen, vor allem wenn ich am Meer bin. Selbst im Restaurant wähle ich öfter Fisch und Gemüse als Fleisch. Ab und zu esse ich gegrilltes Fleisch, aber immer öfter gegrillten Fisch.

Zu Hause frühstücke ich ausgiebig: Milchkaffee und frisch gepresste Säfte, Brötchen und Schwarzbrot, dazu gern Käse, Eier und Joghurt. Und manchmal »leiste« ich mir ein Schinkenbrot.

Mittags zu essen habe ich mir weitgehend abgewöhnt. Wenn ein Hungergefühl aufkommt, greife ich zu einem Apfel und trinke Mineralwasser oder Tee.

Stattdessen zelebriere ich das Abendessen – obwohl ich weiß, dass es gesünder sein soll, abends den Magen weniger zu belasten. Aber es ist die Zeit, die ich besonders genieße: Dann bin ich mit meinem Mann und mit Freunden zusammen, wir unterhalten uns, ich koche oder wir gehen ins Restaurant. Dort schlemme ich durchaus auch mal ein üppiges französisches Menü mit sahnigen Saucen.

Ein neuer Ess-Slogan: Five a day

Über gesundes Essen wird so viel geredet und geschrieben, dass ich dem Thema gar nicht entkomme. Vitamine, Spurenelemente, Antioxidanzien – als so genannte Nahrungsergänzungen gibt es sie in Tablettenform. Solche »Multi-Bömbchen« nehme ich täglich.

In letzter Zeit spricht alle Welt von den bioaktiven Substanzen, verschiedenste Nahrungsinhaltsstoffe, denen man geradezu fantastische Wirkungen zuschreibt: Das Pektin in Äpfeln senkt den Cholesterinspiegel, die Glucosinolate im Rosenkohl schützen vor Brustkrebs, Carotinoide im Paprika killen die freien Radikale, Allicin im Knoblauch wirkt stark antibiotisch, Flavonoide im Tee vermindern das Krebsrisiko. So geht es ständig weiter. In den meisten Obst- und Gemüsearten finden Wissenschaftler solche Stoffe in unterschiedlicher Konzentration und Zusammensetzung, die aber – noch – nicht durch Pillen zu ersetzen sind.

Diese guten Nachrichten haben einige meiner Filmkollegen auf neue Weise »esssüchtig« gemacht. Sie picken sich zum Beispiel die »Jungmacher« heraus, die das Zellwachstum beschleunigen, die Arterien geschmeidig halten oder die Hormonproduktion steigern. Und essen dann tagelang nur Paprika. Oder nur Lachs wegen der Omega-3-Fettsäuren. Bis wieder eine neue Essmode angesagt ist …

Mir leuchtet am ehesten ein, von allem etwas zu sich zu nehmen. Fünfmal am Tag in kleinen Portionen. Das lässt sich gut in meinen Alltag einbauen und sieht etwa so aus: Morgens Fruchtsaft zum Frühstück, später Tee, im Laufe des Tages ein Apfel, ein Stück Ananas oder eine Möhre, abends als Vorspeise Salat und zum Hauptgericht mindestens ein Gemüse. Ein Glück, dass ich so gern Gemüse und Obst esse!

Viel trinken – ja, bitte

Die meiste Zeit bin ich sehr diszipliniert, was Essen und Trinken angeht. Aber ich finde, man muss auch loslassen können – das tut dem Körper und der Seele gut. Ab und zu möchte ich über die Stränge schlagen, nicht »funktionieren«. Und das gilt auch für das eine oder andere Glas Rotwein. Obwohl ich mich inzwischen mehr zurückhalte. Früher hat man ja einiges weggesteckt (die ausgiebig langen Nächte, herrlich!). Heute leide ich am nächsten Tag länger an den »Sünden«, also begehe ich sie seltener. Aber zulassen will ich sie immer noch.

Jahrelang habe ich extrem viel Kaffee getrunken. Irgendwann merkte ich dann, dass er mir zwar noch schmeckte, aber nicht mehr bekam. Seitdem ist Kaffee – bis auf meinen Milchkaffee am Morgen – gestrichen.

Grünen Tee trinke ich sehr gern. Seit ich in Japan war, noch lieber, weil ich erst dort lernte, wie man ihn richtig aufgießt.

Das japanische Grüntee-Rezept

Für einen Liter Wasser nimmt man 3 bis 4 gestrichene Teelöffel Tee. Grüner Tee soll nicht mit kochendem Wasser aufgegossen werden; die zarten Geschmacksstoffe leiden darunter, und auch die Vitamine gehen verloren. Die ideale Wassertemperatur beträgt 60 bis 70 Grad, was man ungefähr erreicht, wenn man aufgekochtes Wasser circa 10 Minuten stehen lässt. Der aufgegossene Tee muss nur 1½ bis 3 Minuten ziehen. Die Teeblätter können noch zweimal aufgegossen werden. Die Japaner sagen: Der dritte Aufguss ist der beste.

Ich mag auch Pfefferminztee sehr gern. In Israel lernte ich, ihn mit frischer Minze zuzubereiten. Genau genommen ist es ein starker schwarzer Tee, der über frische Minzeblätter, »Nanah«, gegossen wird. In Israel und in ganz Nordafrika trinkt man ihn stark gesüßt. Ich ziehe den Tee ohne Zucker vor.

Mein Hauptgetränk: Wasser

Ich bilde mir ein, es sogar an meiner Haut zu merken, wenn ich zu wenig trinke: Sie sieht dann trocken aus und fühlt sich auch so an. Darum habe ich mir angewöhnt: Drei Liter Wasser müssen täglich geschluckt werden. Am Anfang fiel mir das noch schwer, doch nun ist es mir zur lieben Gewohnheit geworden. Morgens stelle ich drei Literflaschen bereit – die müssen bis abends geleert sein. Inzwischen »hänge ich so an der Flasche«, dass ich auch meist eine bei mir habe, ob ich zum Drehen, ins Kino oder zur Kosmetikerin gehe. Am liebsten ist mir Tafelwasser ohne Kohlensäure.

Wenn ich von einer Ayurveda-Kur komme, trinke ich ein paar Wochen lang abgekochtes Leitungswasser, wie man es dort empfiehlt. Das warme Wasser ist sehr angenehm zu trinken, und es nimmt den Hunger. Aber ich gebe zu: Nach einer Weile verliert sich mein Elan, es zuzubereiten. Dann greife ich doch wieder zur Flasche.

Beim Film: viel Arbeit, viel Essen

Bei Dreharbeiten ist alles anders. Ich stehe morgens um fünf Uhr auf, kann allerdings um diese Zeit noch nicht frühstücken. Erst im Laufe des Vormittags esse ich einen Joghurt, ein Brötchen oder auch ein süßes Hörnchen. Beim Film gibt es geregelte Mittagspausen, da verschlinge ich Vorspeise, Hauptspeise, Nachspeise – manchmal sogar die doppelte Portion –, das ist für mich Kraftnahrung. Dafür gibt's am Abend nicht mehr viel, auch wenn das sonst meine liebste Mahl-Zeit ist. Aber ich habe festgestellt: Für die frühe Arbeit am nächsten Morgen ist spätes und üppiges Essen einfach nicht gut.

Schokolade: nein danke

Ab und zu überfällt mich Heißhunger auf etwas Süßes wie beispielsweise Vanilleeis mit heißer Schokoladensauce. Das gönne ich mir dann auch. Ansonsten aber ist Schokolade für mich tabu – seit ich mich als Teenager daran regelrecht überfressen habe. Das kam so: Als die Beatles populär wurden, lebte ich im Internat. Alle Jungs wollten damals eine Beatles-Frisur, doch durften die Haare laut Schulordnung den Kragen nicht berühren. Für das »Gehalt« einer Tafel Schokolade spielte ich Friseuse und schnitt ihnen die Haare bis zur gerade noch erlaubten Länge. So verdrückte ich Vollmilch- und Vollmilch-Nuss-Schokolade in solchen Mengen, dass ich irgendwann keine Schokolade mehr sehen konnte.

Gewichts-kontrolle

Ich stelle mich jeden Morgen auf die Waage. Meine Digitalwaage ist gnadenlos. Wenn sie nach oben ausschlägt, esse ich ganz abrupt zwei Tage wenig und habe dann wieder mein Idealgewicht, das ich halten möchte. War ich zu einem üppigen Mahl eingeladen, spare ich die Kalorien gleich am nächsten Tag wieder ein. Damit sich erst gar nicht so viel ansammelt.

Fasten für die Fitness

Einmal im Jahr mache ich zu Hause eine einwöchige Heilfastenkur, vor allem zur Entschlackung. Dass ich als Nebeneffekt zwei bis drei Kilo abnehme, ist mir auch recht – ein Teil davon geht ja auf reines Entwässern zurück.

Schon ein paar Tage vorher bereite ich mich aufs Fasten vor, indem ich reduziert esse: nur noch Knäckebrot und leichte Salate, keine Wurst, keinen Käse, es gibt auch keinen Wein mehr und keinerlei Tabletten. Am ersten Tag kommt die mühselige Abführgeschichte, Darmentleerung mit Glaubersalz. Dann lebe ich nur noch von Wasser und Tee – und von Gemüsebrühe.
Man könnte sie fertig kaufen, aber ich habe große Freude daran, sie selbst zuzubereiten. Bei mir dürfen es nur Gemüse sein, die in der Erde wachsen. Daraus koche ich einen großen Topf Suppe, die ich durchpassiere, und esse davon möglichst nicht mehr als einen Viertelliter am Tag.

Normalerweise greife ich bei Kopfweh schnell zu einer Schmerztablette. Aber in der Fastenwoche halte ich ohne Pillen durch, obwohl ich am Anfang der Fastenkur oft einen schweren

Kopf von der Umstellung habe. Nach den ersten zwei harten Tagen geht dann plötzlich alles ganz leicht. Inzwischen fastet mein Mann mit und ist ebenfalls begeistert.

Essensdüfte machen mir nur in den ersten beiden Tagen etwas aus, danach stören sie mich überhaupt nicht mehr. Faszinierend finde ich, dass man richtig spürt, wie durch das Fasten der »Schmutz« aus dem Körper gespült wird. Und nach der Fastenwoche fühle ich mich keineswegs geschwächt, sondern bin fit und kräftig wie selten. Als verblüffenden Nebeneffekt stelle ich jedes Mal fest, dass meine Augen danach so weiß sind wie nie.

Ich könnte das Heilfasten übrigens viel länger durchhalten, hatte jedoch bisher nicht mehr Zeit »an einem Stück«. Am Ende der Fastenwoche verspüre ich gar keinen großen Appetit. Deshalb fange ich danach mit wenig Essen an: eine kleine Menge im Wok gebratenes Gemüse, dann eine leichte Pasta oder ein Risotto.

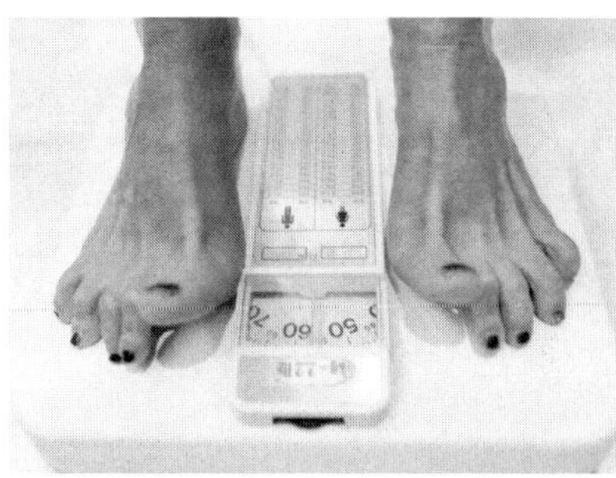

Mein schönster Zweitberuf: Köchin

Kochen ist für mich eine sinnliche Tätigkeit. Ich liebe es, Gemüse zu schnippeln, Fleisch zu schnetzeln, Fisch zu filetieren, Saucen zu rühren – und hier und da zu probieren. Es gibt in meinem engen Freundeskreis Leute, die streiten sich sogar, ob ich eine bessere Schauspielerin oder Köchin bin. Als Köchin kann ich zumindest mehr improvisieren, und das scheint mir gut zu gelingen! Ich koche sozusagen »querbeet«: italienisch, jüdisch, asiatisch. Mit großer Lust stelle ich Multi-Kulti-Menüs für Familie und Freunde zusammen.

Scharfe Sachen in meiner Küche

Diese Gewürze habe ich immer auf Vorrat

- Sehr scharfes israelisches Paprikapulver
- Getrocknete Chilischoten
- Grobes Meersalz
- Schwarze und weiße Pfefferkörner
- Cumin (Kreuzkümmel)
- Koriander
- Sesamkörner
- Knoblauchpulver und -paste

Spaghetti – mein Leib- und Magengericht

Die Hauptsache ist für mich die gute Qualität der Pasta (aus italienischem Hartweizen) und dass sie absolut »al dente« auf den Teller kommt. Man bleibt am besten neben dem Topf stehen, rührt ab und zu um und probiert alle paar Minuten, damit die Nudeln ja nicht zu weich werden. Früher gab ich einen Schuss Olivenöl ins Kochwasser, damit nichts aneinander klebt. Ernährungsbewusst geworden, spare ich das Fett ein und mische die abgetropften Nudeln sofort mit der Spaghettisauce.

Meine schnelle Tomatensauce

Dafür brauche ich ein paar reife, süße Tomaten, ein Bund Basilikum und etwas Knoblauch: Alles grob schneiden, salzen und pfeffern und kurz in Olivenöl aus erster Pressung erwärmen, nicht kochen!

Meine Sauce Bolognese

Sie dauert länger. Ich lasse die Zutaten bis zu drei Stunden kochen – auch wenn mir bewusst ist, dass man damit die »gesunden« Inhaltsstoffe ziemlich reduziert. Aber es geht mir bei dieser üppigen Spaghettisauce mehr um den Geschmack als um die Gesundheit.

Für vier bis sechs Personen: Circa 100 Gramm Parmaschinken, 1–2 Möhren, 2 Stangen Staudensellerie, 1 große Zwiebel und 1–2 Knoblauchzehen sehr klein würfeln. Alle Zutaten 5–8 Minuten un-

ter Rühren in Olivenöl anbraten. 1 Kilo Rinderhackfleisch dazugeben und mit anbraten. Etwas Tomatenmark zufügen und mit Weißwein ablöschen. Geschälte Tomaten aus der Dose klein drücken und untermischen. Mit Salz, grobem schwarzem Pfeffer, frischen oder getrockneten Chilischoten und getrockneten italienischen Kräutern wie Basilikum, Rosmarin, Thymian, Oregano würzen. Mit Rinderbrühe aufgießen und 2–3 Stunden leicht köcheln lassen, dabei immer wieder Brühe nachgießen. Vor dem Servieren flüssige Sahne und frisch geriebenen Parmesankäse unterheben.

Mein israelisches Frühstück

Das Richtige für einen Morgen, an dem ich Freunde und mich selbst verwöhnen möchte. Ein ganzer Tisch voller Vorspeisen, Salate, Säfte.

Unbedingt dazu gehören:

- ***Orangen-, Grapefruit- und Pomelosaft***

- ***Frischkäse***, mit verschiedenen Gewürzen angemacht

- ***Gehackte Eier:*** Hart gekochte Eier mit der Gabel zerdrücken und mit Olivenöl beträufeln, bis eine weiche Konsistenz entsteht. Mit jungem, ganz klein geschnittenem Zwiebellauch gut vermischen.

- ***Israelischer Salat:*** Entkernte Tomaten, Salatgurke, reichlich Petersilie und ein bisschen Zwiebellauch winzig klein hacken und mit Zitronensaft übergießen.

- ***Avocadosalat:*** Pro Avocado 2 hart gekochte Eier klein hacken. Mit kleinen Zwiebelwürfeln, Salz, Pfeffer, etwas Olivenöl, Zitronensaft und der weichen, zerdrückten Avocado gut vermischen.

Mein Lieblingsmenü – jüdische und orientalische Tradition gemischt

- ***Verschiedene Vorspeisen***, die alle gleichzeitig auf den Tisch kommen: Chumus, Tchina, israelischer Salat (Rezept siehe Seite 111), gehackte Leber, Auberginenpaste
- ***Zwischengericht:*** Matzeknödelsuppe
- ***Hauptspeise:*** gekochtes Rindfleisch (Tafelspitz), rosarote Krensauce, gekochtes Gemüse, Lattkes (Kartoffelpuffer)
- ***Dessert:*** Kalte Obstsuppe

Chumus
Getrocknete Kichererbsen weich kochen (oder Kichererbsen aus der Dose nehmen), im Mixer zu Mus pürieren. Mit Knoblauch, Salz, Pfeffer, Zitronensaft und Paprika würzen und mit gehackter Petersilie bestreuen.

Tchina
1 Glas Sesamsamen mit etwas Wasser im Mixer pürieren, bis ein weicher Brei entsteht. Mit Knoblauch, Salz, Pfeffer, Paprika und wenig Olivenöl vermischen, mit Petersilie bestreuen.

Gehackte Leber
Frische Hühnerlebern anbraten, abkühlen lassen, dann durch den Fleischwolf drehen. Zwiebelstückchen anbraten, hart gekochte Eier und gekochte Kartoffeln zerdrücken, alles mit der pürierten Leber mischen, salzen und pfeffern.

Auberginenpaste

Auberginen halbieren und mit Salz bestreuen. Circa ½ Stunde stehen lassen, dann abtropfen. Neutrales Pflanzenöl in einer Pfanne erhitzen und die Auberginenhälften darin leicht anbraten. Wenn sich das Fleisch gut von der Schale lösen lässt, mit einem Löffel herausschaben und klein schneiden. Mit klein gehackten Zwiebeln, Salz, Pfeffer, Zitronensaft und Olivenöl vermischen.

Matzeknödel

3 Eier, etwas Öl, ½ Tasse kaltes Wasser, 1 Tasse Matzemehl und 1 Teelöffel Salz gut zu einem Teig vermischen und etwa 1 Stunde ruhen lassen. Dann mit nassen Händen Bällchen daraus formen. In kochendes Salzwasser legen und circa 10 Minuten ziehen lassen. In Fleischbrühe (siehe folgendes Rezept) servieren.

Gekochtes Rindfleisch

3–4 Stücke Ochsenschwanz, 1 Scheibe Beinfleisch und 4–5 Markknochen in Salzwasser aufsetzen. Nach 30–45 Minuten Tafelspitz, 1 ganze geschälte Zwiebel, 3–4 Möhren, 1 Sellerie und 1 Schwarzwurzel, 8–10 Pfefferkörner und 1 Lorbeerblatt dazugeben. Das Ganze 2–3 Stunden leise köcheln lassen. Das Fleisch in Scheiben schneiden und bis zum Servieren warm stellen. Die Brühe für die Matzeknödelsuppe verwenden.

Rosarote Krensauce

Rote Bete kochen, mit der Gabel oder im Mixer zerkleinern und mit frisch geriebenem Meerrettich mischen.

Lattkes

1 Kilo rohe Kartoffeln schälen und reiben. In einem Tuch abtropfen lassen und ein wenig ausdrücken. Mit 2 Eiern und Salz vermischen. Kleine Plätzchen formen, löffelweise in heißem Fett ausbacken.

Kalte Obstsuppe

1 Tasse entsteinte Trockenpflaumen, 1 Tasse entsteinte Sauerkirschen und 1 Tasse in Streifen geschnittene Dosenpfirsiche mit circa 6 Tassen Wasser, 3 Esslöffeln Zucker, 1 Teelöffel Zimt und ¼ Teelöffel Salz bei kleiner Hitze etwa 15 Minuten köcheln lassen. Alles durch ein Sieb streichen. 2 Esslöffel Stärkemehl mit kaltem Wasser anrühren, unter die Fruchtmischung rühren und nochmals aufkochen, dabei ständig rühren. Die Suppe erkalten lassen, mit saurer Sahne servieren.

Mein Multi-Kulti-Menü

- ***Vorspeise:*** Spanische Gazpacho
- ***Hauptgericht:*** Orientalisches Lammfilet mit Taboulé und Mint Jelly
- ***Dessert:*** Italienische Mascarpone-Creme mit frischen Beeren

Was bei mir noch vor der Vorspeise auf den Tisch kommt
Französische Crudités: rohe Tomaten, Möhren, Sellerie, Gurken, große Peperoni und Paprikaschoten, Blumenkohl, harte Eier – alles in einem großen Korb –, dazu verschiedene Dips.

Gazpacho
1 große Zwiebel, 1 rote und 1 grüne Paprikaschote, 3–4 Tomaten, 1 Gurke und Knoblauchzehen in kleine Würfel schneiden (ein wenig von den Paprika-, Tomaten- und Gurkenwürfeln beiseite legen). Saft von 2–3 Zitronen und so viel stilles Mineralwasser hinzufügen, bis eine leicht gebundene Suppe entsteht. Das Ganze im Mixer mit Salz und Peperoncini pürieren und in den Kühlschrank stellen. Toastbrot in kleine Würfel schneiden, mit Knoblauch und Sesam in Olivenöl anbraten und vor dem Servieren mit den zurückbehaltenen Gemüsewürfeln über die eiskalte Suppe streuen.

Lammfilet
Mehrere Lammfilets vom Fleischer aus dem Rückgrat schneiden und zu einer Rolle zusammenbinden lassen. Mit Salz, Pfeffer, Rosmarin und Knoblauchpulver einreiben, einige Stunden stehen lassen. Im vorgeheizten Backofen (180–200 Grad) circa 30 Minuten

braten. Die Filets sollen innen noch rosa sein. Dazu fertig gekauftes Mint Jelly oder Mint Sauce oder mit Weinessig gemischte getrocknete Minze servieren.

Taboulé

Vorgekochten (precooked) Couscous 20 Minuten in wenig Wasser einweichen. Dann sorgfältig zwischen den Handflächen verreiben, bis keine Klümpchen mehr vorhanden sind. Ein großes Bund Petersilie fein hacken, Tomaten entkernen und klein würfeln, jungen Zwiebellauch und frische Minze fein hacken. Die Gemüsemenge soll ungefähr so groß sein wie die Couscousportion. Alle Zutaten mit grobem Pfeffer, Salz, Olivenöl und reichlich frisch gepresstem Zitronensaft verrühren.

Mascarpone-Creme

250 Gramm Mascarpone (italienischer Frischkäse) mit 2 Eigelb, 1–2 Esslöffeln Zucker, einer Prise Zimt und ½ Becher flüssiger Sahne schaumig rühren. Eischnee von 2 Eiweiß unterheben. Das Ganze über frische Beeren (z. B. Erdbeeren, Himbeeren, Johannisbeeren) geben.

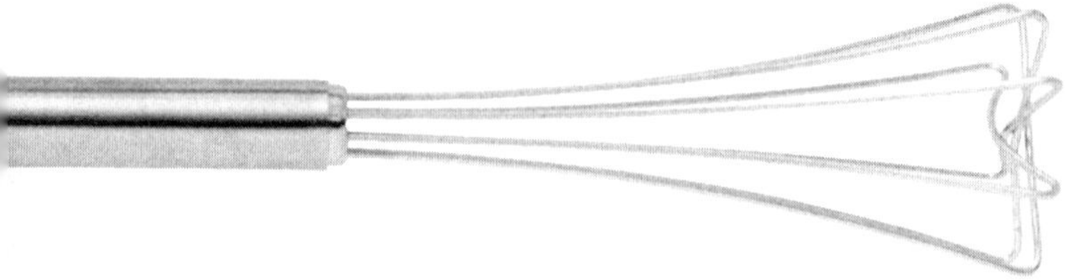

Wie ich mir neue **KRAFT** hole

Ich genieße Spas und die freundlichen Menschen, die sich um mich kümmern. Ich kann mich einfach hinlegen und mich verwöhnen lassen. Und tue dabei auch noch etwas für meine Gesundheit.

Es hat eine halbe Ewigkeit – über zwanzig Jahre – gedauert, bis ich meinen Mann schließlich überzeugen konnte, dass ein Spa-Urlaub auch für ihn schön sein kann. Inzwischen kommt er ab und zu mit und findet es herrlich, sich dort behandeln, massieren und pflegen zu lassen.

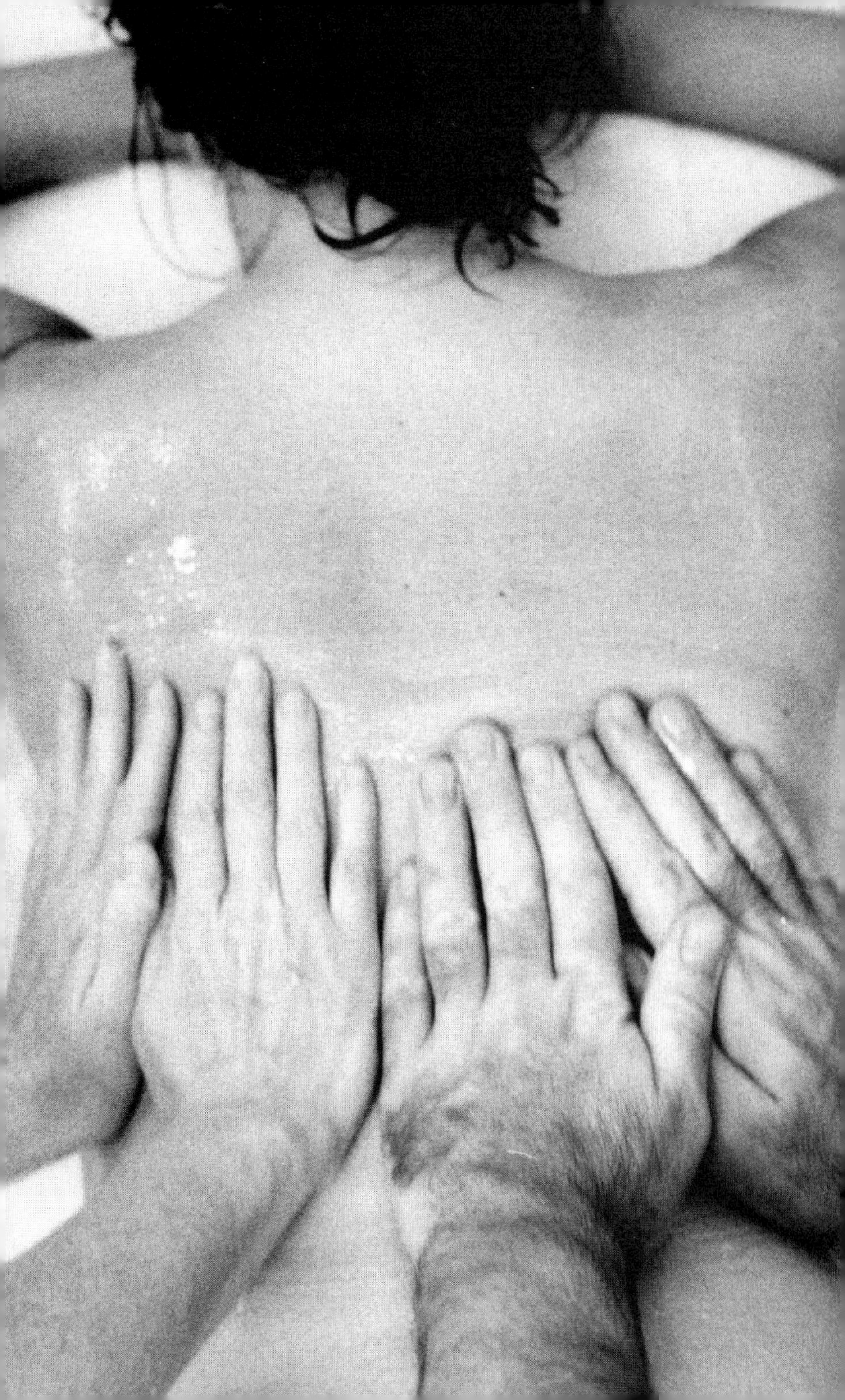

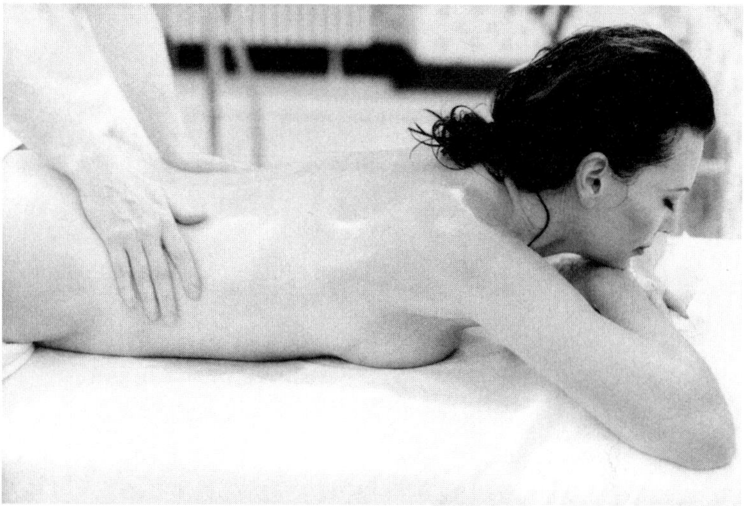

Wenn mein Mann mitkommt – wunderbar. Aber ich fahre auch gern allein in ein Spa. Nehme ein paar Bücher mit, denke nach, beschäftige mich mit mir selbst, spreche wenig. Die wohltuende Stille in den Spas und die Stille, die dabei in mir entsteht, sind allein schon eine Erholung. Nach dem Trubel der Film- und Werbewelt brauche ich solche Pausen, um zu mir selbst zu finden. Ich genieße es, umsorgt zu werden. Und ich genieße das gesunde Essen, das dort serviert wird. Besonders, weil es in den guten Spas auch noch verlockend aussieht und köstlich schmeckt.

Meine wichtigste Bedingung für die Wahl eines Spas: Es muss eine ästhetische Atmosphäre haben. Auf die Therapieart lege ich mich nicht fest. Ich bin immer neugierig auf Neues und habe schon vieles ausprobiert.

Das sind meine Lieblingskuren

Ayurveda

Auch wenn Ayurveda, die »Wissenschaft vom Leben«, aus Indien stammt und manche sagen, nur dort könne man die Original Ayurveda-Kur durchführen – ich mache sie mitten in Deutschland, im Parkschlösschen in Traben-Trarbach. Nach zwei Wochen dort fühle ich mich wie neugeboren. Aber auch, wenn es nur zur Vier-Tage-Kurzkur reicht, bin ich hinterher verblüffend gut erholt.

Ich stelle mich gern auf das ganz andere Essen ein: die guten Suppen, viel Gemüse und Reis, dazu die exotischen Früchte und Säfte, die sanften Tees. Diese Art Ernährung, überwiegend gedünstet und warm gegessen, gefällt mir und bekommt mir ausgezeichnet.

Ich halte viel von Entgiftung des Körpers und probiere deshalb immer wieder, Ghee, das geklärte Butterfett, zu trinken. Allerdings muss ich zugeben, dass ich es nur schwer hinunterbekomme. Glücklicherweise bietet man im Parkschlösschen auch sanftere Mittel an, mit denen ich besser zurechtkomme: zum Beispiel Kräuteraufgüsse.

Mit zum Schönsten gehören für mich die verschiedenen Behandlungen mit warmem Öl – die Kopf- und Körpermassagen, zwei- und vierhändig und als Krönung Pizzichil und Shirodara. Pizzichil ist eine Kombination von Massage, Öl- und Wärmebehandlung. Während mein ganzer Körper unablässig mit einem kleinen Strahl von angewärmtem Öl begossen wird, massieren mich zwei Therapeutinnen gleichzeitig. Dadurch dringt das Öl tief in den Körper ein und soll so zur Entgiftung der Organe beitragen. Anschließend wird der warme Ölstrahl mitten auf die Stirn gegossen – etwa eine halbe Stunde lang! Nach ayurvedischer Lehre führt dies zur Regeneration des Nervensystems und der Hormondrüsen. Auf jeden Fall werde ich dadurch unwahrscheinlich ruhig, ohne zu ermüden. Im Gegenteil: Ich bin hellwach und bewusst.

Nach ein paar Tagen Ayurveda ist meine Haut durch das viele Einölen seidenweich. Die Wirkung wird noch verstärkt durch duftende Kräuterdampfbäder, die ich täglich bekomme. Auch zu Hause benutze ich reichlich ayurvedische Öle für den Körper und für die Haare.

Während der Kur soll man den ganzen Tag über schluckweise heißes, abgekochtes Wasser trinken. Das befolge ich auch brav und finde es sehr angenehm für den Magen. Jedes Mal nehme ich mir vor, zu Hause damit weiterzumachen. Ich muss jedoch gestehen, dass ich nach ein paar Wochen wieder vergesse, morgens das Wasser für den Tag vorzubereiten – und schließlich doch wieder zum Mineralwasser in der Flasche greife.

Thalasso-Therapie

Schon beim Schwimmen im Meer habe ich das Gefühl, mich von den Belastungen des Alltags zu befreien, mich geistig und körperlich zu reinigen. Meerwasser ist für mich fast so etwas wie heiliges Wasser oder, nüchterner gesagt, wie Medizin. Deswegen spricht mich die Thalasso-Therapie sehr an. Wann immer ich in einem Hotel am Meer bin – sei es das Mittelmeer oder der Atlantik –, frage ich nach, ob Thalasso-Anwendungen angeboten werden. Denn Salzwasser, direkt aus dem Meer gepumpt, enthält die meisten biologisch aktiven Mikroorganismen. Ich mag den salzigen, leicht bitteren Geruch des frischen, erwärmten Meerwassers der Sprudelbäder und Unterwassermassagen. Und ich mag die gesunde Müdigkeit, die dabei entsteht. Selten schlafe ich so tief und entspannt wie nach Meerwasserbehandlungen. Anschließend fühle ich mich munter wie ein Fisch.

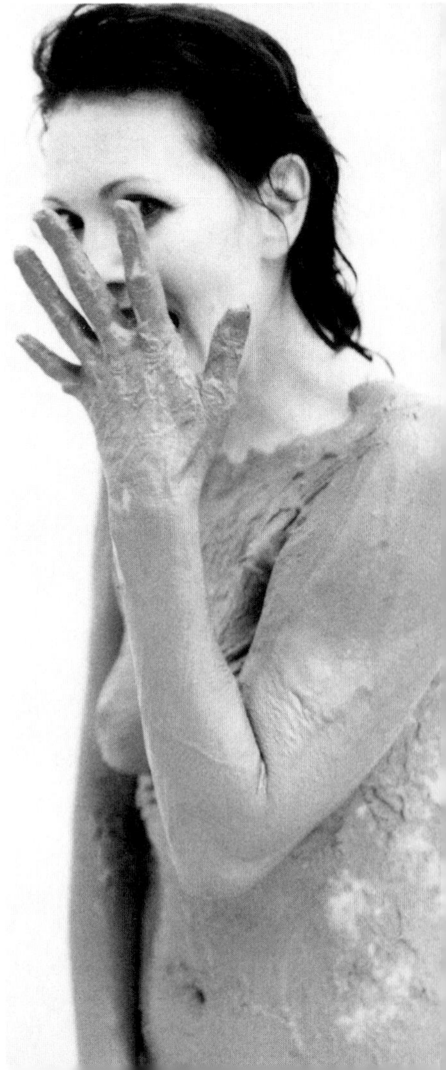

Inzwischen bieten auch die Spas vieler guter »Binnenland«-Hotels Thalasso an. Und ich bin eine dankbare Kundin. Wenn ich nach der Filmarbeit gestresst und verspannt ins

Thalasso zu Hause

Für ein Thalasso-Bad gibt es fertige Algen-Salzbäder zu kaufen. Man kann aber auch ein halbes Pfund Meersalz ins Badewasser geben. Besonders gut sind die Salzkristalle aus dem Toten Meer. Sie enthalten weniger Kochsalz, dafür einen sehr hohen Anteil an Magnesium.

Da ein Salzbad stark anregend wirkt, sollte man nur 10 bis höchstens 15 Minuten im Wasser bleiben, um den Kreislauf nicht zusätzlich zu belasten. Die Wassertemperatur ist ideal bei 37 Grad.

Nach dem Bad bietet sich eine Body- und Gesichtsmaske mit Schlamm aus dem Toten Meer an. Sie hat einen leichten Peelingeffekt und beruhigt gleichzeitig die Haut. Bei trockener Haut vorher etwas Feuchtigkeitscreme im Gesicht und Bodylotion auf den Körper auftragen.

Ebenso gut für die Durchblutung und den Feuchtigkeitshaushalt: Fangopackungen, die es fertig zu kaufen gibt.

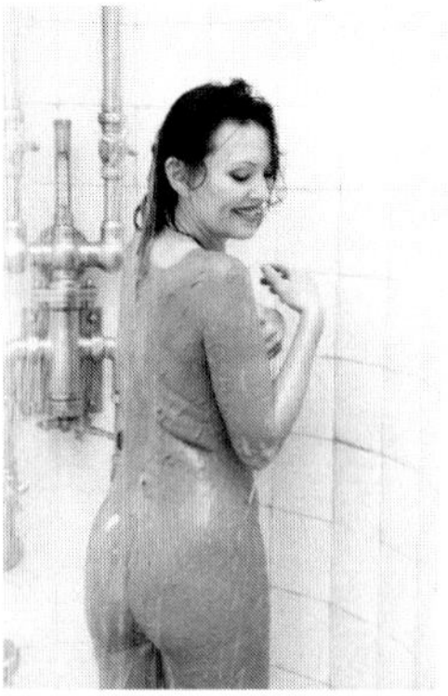

Hotel zurückkehre und eine Hydro-Massage mit Meersalz und danach eine warme Algenpackung bekomme, merke ich deutlich, wie sich nach und nach die Entspannung in meinem Körper ausbreitet.

Mein größter Luxus: das Spa im Spa

Ab und zu, wenn ich von allem genug habe – von der Anstrengung eines fertig gedrehten Films, von den Abendauftritten, den Besprechungen neuer Projekte –, fahre ich nach Baden-Baden und gehe durch meine Zaubertür. Was damit gemeint ist? Eine Spa-Suite im Brenner's Parkhotel. Dort hatte man die gute Idee, neben dem großen Spa eine Art Wellness-Wohnung einzurichten, in der man alle Treatments des Spas ganz allein für sich bekommen kann. Ich brauche nicht mehr als zwei, drei Tage, um aus diesem Refugium energiegeladen wie eine neue Batterie aufzutauchen. Ich liege in meinem eigenen Whirlpool, ich sitze in meinem eigenen Dampfbad. Ich lasse mich mit Farblicht anstrahlen, mit Shiatsu und Lymphdrainage verwöhnen, ich bestelle mir supergesundes Essen auf meine private Terrasse. Das Schönste an diesem Luxus-Retreat: Ich muss hier mit niemandem reden, ich kann Tag und Nacht vor mich hin denken, Musik hören, lesen – oder einfach schlafen! Ich lebe wie in einer Einsiedelei, nichts als meine Behandlungswünsche muss ich formulieren.

Kuren am Toten Meer

Immer wenn ich mit meinem Mann bei seiner Familie in Israel bin, mache ich einen Abstecher ans Tote Meer. Hier ist Kur pur angesagt, deshalb fahre ich ganz allein hin und schwitze täglich in einer Schlammpackung. Nicht sehr ästhetisch, wie ich da mit grauschwarzem Schlamm bepackt und in Plastikfolie gewickelt werde, aber ungeheuer wirksam. Die Haut ist anschließend babyglatt und seidenweich. Zusätzlich lasse ich mich mit »Salt Scrubs« einreiben. Das ist ein Körperpeeling mit dem Salz vom Toten Meer, vermischt mit aromatischen Ölen. Fürs Gesicht gibt es verfeinerte Schlammmasken und Massagen. Wegen der niedrigen Lage – das Tote Meer befindet sich am tiefsten Punkt der Erdoberfläche – bekommt man hier in der Sonne keinen Sonnenbrand. So kann ich mich endlos lange auf dem extrem salzhaltigen Wasser treiben lassen.

Spas in Asien

Das Banyan Tree Resort im thailändischen Phuket ist für mich eines der Paradiese auf Erden. Kaum vorstellbar, dass man woanders noch mehr verwöhnt wird als hier. Allein die Massagen! Zartgliedrige Thailänderinnen gehen einem mit ihren erstaunlich kräftigen Händen buchstäblich unter die Haut. Sieben verschiedene Massagetechniken bieten sie an, von der klassischen schwedischen Massage bis zu asiatischen Pressuren. Ich buche meistens Asian Blend, bei der man traditionell mit dem ganzen Körper bearbeitet wird – was bedeutet, dass die Thai-Masseurin mir schon mal ins Kreuz springt. Aber so gekonnt, dass es statt wehzutun einen richtigen Energieschub gibt.

In Banyan Tree ist alles auf Paare ausgerichtet: die Bungalows mit überdimensionalen Betten und Badewannen für zwei, die betörend duftenden, tropischen Blumen auf der Veranda, die paarweise unter den heiligen Banyan-Bäumen aufgestellten Massagetische. Im Unterschied zu meinen anderen Lieblingsplätzen möchte ich hier nie allein ankommen. Glücklicherweise erlag auch mein Mann dem Zauber dieses Platzes, sodass Banyan Tree unser gemeinsamer »Zufluchtsort für die Sinne« geworden ist.

Arztbesuch – reine Routine für mich

So viele medizinische Untersuchungen wie ich lässt wohl kaum jemand machen. Mit jedem Filmvertrag muss man eine Ausfallversicherung für den Krankheitsfall abschließen. Da es um sehr große Summen geht, wenn Drehtermine ausfallen, wird mein Gesundheitszustand jedes Mal neu getestet. Das ist zwar lästig, aber immerhin versäume ich dadurch keine Vorsorgeuntersuchung.

Zusätzlich und freiwillig kümmere ich mich seit einiger Zeit um meine Hormone. Man weiß ja, dass diese Biester einem mit zunehmenden Jahren abhanden kommen. Also schaute ich mich nach Ersatz um. Hier folgt, was ich mit medizinischer Hilfe für mich herausfand.

Das sagt der Hormonexperte von Iris Berben

Wir überprüfen regelmäßig den Hormonstatus sowie den Vitamin- und Spurenelemente-Bedarf von Frau Berben. Ihr Alltag ist hektisch, ihr Beruf bringt viele Reisen mit sich. Rollen lernen, Drehen, Fototermine sind ein ständiger Stressfaktor. Und sicher einer der Gründe für ihre Schilddrüsenüberfunktion. Mit der Einnahme von Enzymen bekommt sie diese aber gut in den Griff.

Frau Berben hat hervorragende Vitaminwerte. Sie versorgt sich selbst mit Multivitaminen und Antioxidanzien zum Einnehmen.

Gegen ihren zu niedrigen Hormonstatus bekommt sie Östrogene. Außerdem DHEA (eine Vorstufe der männlichen Geschlechtshormone), das erschlaffendes Bindegewebe strafft, Knochen und Gelenke stärkt, Stimmung und Gedächtnisleistung hebt – es ist das Anti-Aging-Hormon schlechthin. In Deutschland ist DHEA verschreibungspflichtig, in den USA kann man es frei kaufen. Frau Berben nimmt es als Kapseln.

Ich favorisiere Hormone, die man nicht schlucken muss, weil sie sonst die Leber belasten können. Die Alternativen sind Gel oder Creme zum Auftragen.

Um die Qualität ihrer Haare zu verbessern, träufelt Frau Berben zweimal täglich Östrogen-Haarwasser mit einer Pipette auf die Kopfhaut (auch das ist bei uns rezeptpflichtig). Für die Haare habe ich ihr Biotin (Vitamin H) verordnet. Das lasse ich mit Vitamin E und Kieselerde sowie mit amerikanischer Gelatine anmischen. Gelatine wird aus Rinderhäuten hergestellt; wegen der Unsicherheit mit der Rinderkrankheit BSE benutze ich keine europäische Gelatine. Der Biotinkomplex wird von meinen Apothekern zusammengestellt und in Kapseln gefüllt.

Für die Haut bekommt Frau Berben eine Körpercreme, die Wirkstoffe zur Eigenregeneration der Haut enthält und dafür sorgt, dass die Epidermis (Oberhaut) schön weich ist. Man verwendet sie auch auf großflächig verbrannter Haut, damit diese nicht narbig wird. Alle Schönheitschirurgen tragen die Creme heute vor und nach einem Eingriff auf.

Welche Hormone sind gut für Frauen?

- Der Hormonspiegel kann sehr viel genauer gemessen werden, als dies üblicherweise beim Gynäkologen geschieht. Es ist möglich, alle Hormone im Körper zu ermitteln, nicht nur die männlichen und weiblichen Sexualhormone, auch Wachstumshormone, Melatonin (dämpft die Energie und sorgt dadurch für Schlaf), Leptin (reguliert das Körpergewicht) und Serotonin (beeinflusst die Stimmung).

- Wenn Hormone verordnet werden, muss man mit dem eventuellen Krebsrisiko sehr sorgfältig umgehen. Hormonexperten kontrollieren die Tumor-Marker (das sind Eiweiße, deren Werte bei bestimmten Krebsarten ansteigen) in kurzen Abständen. Dadurch erkennt man erste Anzeichen eines Tumors früher als mit konventionellen Verfahren.

- Ein Hormonmangel kann heute äußerst differenziert behoben werden. Und gezielte Gaben von so genannten Anti-Aging-Hormonen zeigen sehr gute Erfolge. Dazu gehören neben DHEA, Melatonin und Biotin auch Wachstumshormone (oder die Aminosäuren Arginin und Ornithin, die die Ausschüttung von Wachstumshormonen fördern). Wachstumshormon wird in der Leber in den Stoff IGF-1 (Insuline-like Growth Factor) umgewandelt, der für feste Haut und Muskeln sorgt.

Meine ganz persönlichen Hausmittel

Inhalationen

Da ich beim Filmen meine Stimmbänder stark beanspruche, habe ich abends manchmal einen rauen Hals, Halsschmerzen oder Hustenreiz. Deshalb gehört ein Inhalator immer zu meinem Gepäck. Heißes Wasser gibt es in jedem Hotel, das reichere ich mit ein paar Tropfen ätherischer Öle an oder zur Not mit einem Pfefferminzteebeutel.

Aromatherapie

Weil ich alles mag, was gut riecht, ist die Aromatherapie meine liebste Behandlungsmethode gegen jedwedes Zipperlein. Ich habe eine ganze Kollektion von ätherischen Ölen, die ich nach Bedarf ins Badewasser oder in eine Duftlampe gebe. Am meisten benutze ich:

- ***Anis*** gegen Husten und Erkältung
- ***Arnika*** gegen Halsentzündung
- ***Augentrost*** gegen rote Augen, Bindehautentzündung
- ***Baldrian*** zum Einschlafen
- ***Fenchel*** bei verdorbenem Magen und bei Erkältung
- ***Kamille*** gegen Menstruationsschmerzen
- ***Lavendel*** zur Beruhigung, gegen Nervosität
- ***Melisse*** bei Kopfschmerzen und nervösen Magenbeschwerden
- ***Pfefferminze*** bei Spannungskopfschmerz und Atembeschwerden
- ***Rosmarin*** bei Erschöpfung, Lustlosigkeit, innerlichem »Frösteln«
- ***Salbei*** gegen Schweißausbrüche und Durchfall
- ***Thymian*** gegen Bronchitis und Schnupfen

Wie ich mit »heißen Eisen« umgehe

Drogen

»Es ist schön, Geld zu haben. Gefährlich wird es, wenn das Geld dich hat.« Diese Aussage gilt genauso für Drogen. Auch bei Drogen wird es gefährlich, wenn sie Besitz von jemand ergreifen. Ich machte in den 70er-Jahren meine Erfahrungen damit, bin in Ausnahmesituationen gewesen, und ich habe kein Problem, das zuzugeben. Die Vorbildfunktion als älter werdender Mensch kann man besser erfüllen, wenn man Drogen kennt, aber auch gelernt hat, sie nicht mehr zu nehmen. So konnte ich mit meinem Sohn sehr offen über die Wirkung und die Gefahren von Drogen reden, als er neugierig darauf war.

Rauchen

Von Drogen wurde ich nie abhängig, mit dem Rauchen war es schon schwieriger. Jahrelang habe ich ziemlich viele Zigaretten »verbraucht«. Obwohl ich feststellte, dass ich nicht nur eine schlechtere Haut davon bekam, sondern immer nervöser wurde. Am 18. Geburtstag meines Sohnes sagte ich zu ihm: »Ich würde es begrüßen, wenn du nicht anfängst zu rauchen.« Daraufhin sagte er spontan: »Ich würde es begrüßen, wenn du mir das mal vormachst.« Das war 1 : 0 für ihn! Ich nahm mir das so zu Herzen, dass ich mir das Rauchen damals weitgehend abgewöhnte. Heute rauche ich nur noch sehr gelegentlich und nur zum Genuss – nach dem Essen, zu einem guten Glas Wein –, aber nie mehr gegen Stress.

Schlaftabletten

Lange Jahre meinte ich, nur mit Schlaftabletten zur Ruhe zu kommen. Zusammen mit einem guten Arzt und einem strengen Entzugsprogramm bin ich davon losgekommen. Wenn ich heute einmal nicht einschlafen kann, achte ich darauf, gleichmäßig und tief zu atmen. Dabei lasse ich alle Gedanken zu, die mir den Schlaf rauben. Ich versuche, sie zu formulieren und zu ordnen, sie sozusagen in Schubladen in meinem Kopf zu packen. Oder ich lese mich in den Schlaf. Manchmal bin ich fast dankbar für ein paar schlaflose Stunden, um von den vielen Büchern, die ich immerzu kaufe, mal wieder ein paar Seiten lesen zu können. Ich habe nachts um drei schon aufregende Drehbuchvorlagen für mich entdeckt. Aber auch genügend Texte, die man als Einschlafmittel verkaufen könnte!

Mein **STIL** – gekonnt schlicht

Als man mich zur elegantesten Frau Deutschlands wählte und meinen guten Geschmack hervorhob, fühlte ich mich geschmeichelt und gleichzeitig bestätigt. Denn ich bin mir sehr sicher, was mir gut steht.

Viele Rüschen und Firlefanz – das liegt mir nicht. Mein Stil ist eher geradlinig, klassisch. Ich liebe schlichte Kleidung, raffiniert geschnitten und aus besten Stoffen. Natürlich muss ich in meinen Filmen oft ganz anders auftreten, als ich mich privat kleiden würde. Welche Kleidung meine jeweilige Rolle unterstützt, bestimmt ein stilsicheres Team von Kostümbildnern.

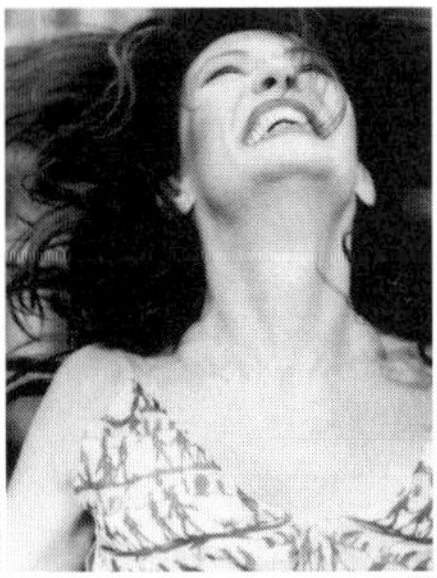

Extrem kurze Röcke trage ich heute nicht mehr, auch keine Shorts. Am Strand knote ich mir einen Sarong über den Badeanzug. Nicht, weil sich meine Beine nicht mehr sehen lassen können, sondern weil ich mich so besser fühle. Meine Messlatte bei Ästhetik ist: Eher zurückhaltend, eher bedeckt sein. Spannender als alles, was man gleich sehen kann, ist doch, was die Fantasie des Betrachters in Wallung bringt. Ich finde Miniröcke einfach nicht mehr passend für eine Frau in meinem Alter. Spaghettiträger kann ich immer noch anziehen, aber ich schaue mich damit besonders kritisch im Spiegel an.

Bei vielen Frauen wundere ich mich, warum nicht eine Freundin oder der Freund oder Ehemann mal einen Ton dazu sagt. Manche nicht mehr ganz junge Frau, die im Tanga am Strand entlangläuft, sollte sich mal selbst von hinten sehen …

Ich mische Feines und Flippiges

Viel Geld gebe ich für große Abendkleider von Dior, Yves St. Laurent, Donna Karan, Chanel aus – das ist ja für mich eine Art Berufskleidung. Die meisten kann ich leider nur einmal tragen, weil sie nach jedem Auftritt auf vielen Fotos zu sehen sind.

Tagsüber mag ich Sachen von Calvin Klein, Prada, Gucci, Jil Sander. Ich kaufe aber auch hin und wieder ein paar witzige Teile in Läden für junge Mode oder in trendigen Versandhäusern, um die Designerstücke damit zu mischen.

In meinem Kleiderschrank hängt viel in Schwarz, Beige und in Naturtönen. Schwarz ist mein ständiger Begleiter. Gerade bei häufigen Reisen ist man damit immer gut angezogen. Aber ich mixe auch gern knallige Farben, trage zum Beispiel klassisch geschnittene Kaschmirpullis in Bonbonfarben zu einem Rock oder einer Hose in einem ruhigen Farbton.

Ich möchte auch privat gut aussehen und laufe nie mit gedankenlos zusammengestellten Teilen herum, weil ich »nur« zu Hause bin. Besonders liebe ich die Home Wear von Donna Karan aus New York. Die Sachen sind schön und bequem, ihre Jogginghosen sind gut geschnitten, sie liefert passende Tops und Jacken dazu.

Es macht mir Spaß, mich schön anzuziehen. Gehe ich ins Theater, Konzert oder in die Oper, wähle ich die entsprechende Kleidung, auch aus Respekt vor der Arbeit der Künstler.

Es gibt ein paar Stücke, die ich über Jahre mit mir herumschleppe. Zum Beispiel meine uralten Etuikleider von Dolce und Gabbana. Oder einen Trenchcoat, den ich auf alle Reisen mitnehme. Und an meinem ältesten Mantel hänge ich wie an einem Fetisch: Er ist aus den 60er-Jahren, von Ossie Clark – und er ist aus Schlange! Ich ziehe ihn nicht mehr an, aber ich würde ihn für nichts auf der Welt weggeben. Ich freue mich einfach, wenn ich ihn anschaue. Das ist vielleicht so, wie andere Frauen ihr Brautkleid aufheben.

Tipps vom Film

Außer Nadel und Faden gehört zur Grundausstattung der Kostümbildnerin doppelseitiges Klebeband. Wenn mitten im Dreh ein Rocksaum ausreißt oder der Regisseur das Kleid zu lang findet – damit es schnell geht, wird geklebt. Für einen Tag hält so ein Klebesaum bestimmt.

Bei Schuhen werde ich schwach

Für Schuhe und Handtaschen habe ich ein absolutes Faible. Momentan besitze ich vielleicht vierzig Paar Schuhe und ebenso viele Taschen. Ich finde nämlich, dass man mit diesen Accessoires unheimlich großen Effekt erzeugen kann. Ich liebe High Heels, habe immer schon dafür geschwärmt. Sie sind einfach sehr weiblich zu einem Kostüm oder zu Rock und Pulli, aber auch zu Hosen. Da ich oft zu Fuß gehe, trage ich häufig flache Schuhe, gern auch Turnschuhe. Das kenne ich von New York, wo die schicksten Frauen in Business-Kostüm und Turnschuhen durch die Straßen eilen und ihre Pumps im Rucksack mitnehmen. Was ich nicht mag, sind Turnschuhe mit Leuchtstreifen und derlei Schnickschnack. Meine Favoriten sind schlicht und einfarbig.

Meine Handtaschen für tagsüber müssen vor allem geräumig sein, denn darin schleppe ich mein halbes Leben mit. Beispielsweise den großen Terminkalender und das Telefon, ein Buch, das ich gerade lesen will, unerledigte Korrespondenz, Schminkzeug, Brille, Sonnenbrille, Zigaretten, Feuerzeug, und und und. Ein Notizbuch und ein Stift sind auch immer dabei.

Bei den eleganten Abendtaschen achte ich darauf, dass sie außer für die Puderdose und den Lippenstift noch Platz für meine Brille haben, denn die Speisekarte kann ich ohne Brille nicht mehr lesen.

Mit Dessous treibe ich einen privaten Kult

Immer noch finde ich reine Seide bei Wäsche besonders schmeichelnd. Ich kann mich aber auch für die neuen mikrofeinen Fasern begeistern, die aus Dessous einen zarten Hauch machen. Ich mag nur die Farben Weiß, Creme, Hautfarben und Schwarz, eventuell noch ein blasses Rosé. Nur gelegentlich – wie auf diesen Fotos – lass ich die Raubkatze raus. Bunt Gemixtes oder Knallrot wird man bei meiner Wäsche nicht finden. So geschmackvoll wie meine Kleidung soll auch alles sein, was ich darunter trage.

Ich würde nie ein Durcheinander von Stilen und Farben anziehen, bei mir muss es immer ein komplettes Set sein. Zu jedem BH kaufe ich mehrere Slips in verschiedenen Formen, von taillenhohen Miederhöschen bis zum Tanga, und wähle sie danach aus, dass sie sich unter einem Schlauchkleid oder einer engen Hose nicht abzeichnen. Für enge Röcke bringe ich mir aus den USA Unterröcke mit eingearbeitetem Slip mit – da zeichnet sich wirklich nichts mehr ab.

Auch beim BH richtet sich meine Auswahl danach, dass er unter dem Kleid und Pulli möglichst unsichtbar bleibt. Die Nähte und Verzierungen müssen glatt, der Verschluss ganz flach sein. Unter ein T-Shirt gehört ein sehr weicher BH ohne Nähte, unter Kleider mit tiefem Ausschnitt ein Bügel-BH. Der kleine Push-up-Effekt kann nie schaden!

Unter femininen Kleidern trage ich gern einen Unterrock. Oder auch eine Corsage mit Strapsen – weil das die Figur unterstreicht. Ich mag ohnehin lieber Strümpfe als Strumpfhosen. Wenn ich zu Strumpfhosen greife, dann zu jenen, die den Po betonen, statt ihn flach zu drücken.

Schmuck – weniger ist mehr

Das gefällt mir gut: sehr große Steine, Halbedelsteine, modern gefasst, wie Paloma Picasso sie entwirft. Am schönsten wirkt es, nur ein auffallendes, maximal zwei Schmuckstücke gleichzeitig zu tragen. Entweder nur große Ohrringe oder eine schöne Kette oder einen riesengroßen Ring. Für wertvolle Armbanduhren kann ich mich auch begeistern. Der schönste Schmuck meines Lebens: eine Goldkette mit den ersten drei Zähnchen meines Sohnes, die in Gold gefasst waren. Leider »waren«, denn diese Kette wurde mir gestohlen. Sie war für mich so etwas wie ein Talisman.

Brillen brauch ich

Seit fünf Jahren trage ich zum Lesen eine Brille. Am liebsten würde ich mir die Augenschwäche mit Laser korrigieren lassen. Nicht aus Eitelkeit. Ich fühle mich sehr wohl mit meiner Brille. Es macht mich nur nervös, weil ich sie ständig auf- und absetze – und genauso schnell verlege ich sie auch. Dabei gefallen mir Brillen gut, sie sind ja modische Accessoires geworden, mit denen man sich originell und witzig verändern kann.

Ohne Sonnenbrille gehe ich allerdings niemals aus dem Haus. Auch nicht bei schlechtem Wetter. Das hat mehrere Gründe:

- Ich finde, dass die Augen das Intimste und Verräterischste sind, was der Mensch hat. Sosehr ich bereit bin, mich zu öffnen, wenn ich im Film eine andere Figur spiele, so wenig bin ich als Privatperson dazu bereit.
- Ich will auf der Straße möglichst unerkannt bleiben. Den Wunsch, mir nicht von jedem in die Augen schauen zu lassen, habe ich schon seit vielen Jahren.
- Ich schütze damit die empfindliche Haut rund um die Augen. Die UV-Strahlen sind auch bei bedecktem Himmel wirksam – da will ich möglichst wenig riskieren.

Auf die nächsten **JAHRE** freue ich mich

Wie gut, dass Erotik mehr mit Lebenserfahrung als mit Jugend zu tun hat. Meiner Zukunft als Frau und als Filmstar sehe ich deshalb gelassen entgegen.

Als junges Mädchen war ich bestimmt noch nicht erotisch. Hübsch und attraktiv, das ja. Aber für eine sinnliche Ausstrahlung muss man erst wirklich erwachsen werden. Man muss um seine Weiblichkeit und um seinen Körper wissen und auf sich selbst vertrauen.

Wie ich heute mit Sexualität umgehe

Sexy zu sein hat für mich etwas Vordergründiges, auch etwas Überlegtes. Sex bedient ein bisschen mehr die einfachen Bedürfnisse und ist sehr schnell enträtselt. Ich gehe in meiner Arbeit damit natürlich ganz gezielt um. Du wackelst ein wenig mehr mit dem Po, der Push-up-BH wird noch ein Stück höher gezogen, der Blick hält zwei Sekunden länger an als erlaubt – das ist sexy. Für mich persönlich jedoch eher langweilig, weil so leicht messbar und durchschaubar.

Erotik dagegen bleibt immer geheimnisvoll. Erotik hat nicht unbedingt etwas damit zu tun, eine gute Figur zu haben oder ein dekolletiertes Kleid zu tragen. Ein tiefes Dekolleté kann sexy sein, an einer sinnlichen Frau ist es aber auch erotisch. Für den Film habe ich im Laufe der Jahre gelernt, abwechselnd erotisch und sexy sein. Das Privatleben hingegen läuft nach anderen Gesetzen.

Ich bin nun schon mehr als ein Vierteljahrhundert mit meinem Partner zusammen. Bei uns ist nie Langeweile aufgekommen. Zum einen, weil ich durch meinen Beruf häufig längere Zeit weg bin. Danach ist jedes Wiedersehen ein Fest. Zum anderen – vielleicht –, weil wir in all den Jahren »nur« zusammenlebten. Ich wollte nie heiraten, ich will mir mein Terrain immer wieder neu erobern und für meinen Mann die Königin sein. Er besitzt eine Reihe von Lokalen, da passiert es immer wieder, dass hübsche Mädchen mit ihm flirten. Heute genieße ich es, einen so begehrten Partner zu haben. Früher war ich entsetzlich eifersüchtig, und dann flogen oft Teller und Gläser. Meine Güte, wie viele Gläser ich nachgekauft habe! Das hat sich glücklicherweise gelegt, ebenso wie meine Unsicherheit um die Beziehung.

Auch meine Sexualität bekam eine andere Sicherheit. Ich kann sie heute wesentlich mehr genießen. Als ich jung war, gab es all diese Tabus, Heimlichkeiten, verbotenen Fantasien – und viel Herumprobieren. Seit ich reifer bin, gehe ich besser mit meinem Körper um, weil ich weiß, was ich möchte und was mir gut tut. Und weil ich seitdem auch in der Lage bin, ganz offen darüber zu sprechen.

Natürlich wünsche ich mir, immer sinnlich zu sein und geliebt zu werden. Auch im Alter. Mich beschäftigt das Thema mehr als meinen Mann. Er denkt, glaube ich, gar nicht darüber nach, dass ich einmal weniger attraktiv sein könnte als jetzt. Das fällt mir auf, wenn ich ihm manchmal sage, was ich an meinem Aussehen nicht mag, dass ich als Zeichen des Älterwerdens eine neue Falte entdeckt habe oder Ähnliches. Er geht unkompliziert damit um. Und wenn er sagt, das sei ein Teil unseres Lebens, dem man sich stellen muss, dann hat er natürlich Recht, es gibt ja keine Alternative. Diskussionen oder Jammern über mein Älterwerden lässt er einfach nicht zu. Er macht mir höchstens klar, wie unsinnig es ist, dass ich mir bei meinem Aussehen Sorgen mache.

Wie schön, wenn man als Paar alt wird

Wenn ich dagegen an meinem Mann Zeichen des Älterwerdens entdecke, hat das für mich etwas ungemein Rührendes. Ich fühle dann eine große Zärtlichkeit für ihn. Vielleicht auch, weil ich in diesen Momenten spüre: Das Problem haben wir beide. Das ist ja gerade das Schöne an einer langen Partnerschaft, dass man so vieles gemeinsam erlebt. Wie leicht sind die Menschen bereit, ihre Liebe, ihre Träume, alles über Bord zu werfen in dem Moment, wo es schwierig wird. Sich lange Jahre gegenseitig auszuhalten, das ist schon eine Bewährung. Wir führen ja keine Friede-Freude-Eierkuchen-Beziehung. Über ein Vierteljahrhundert Zusammenleben, das war neben allem Schönen auch intensive Arbeit, und das ist es manchmal heute noch. Aber ich möchte mit niemandem tauschen, der sich nur in kurzen Beziehungen aufregende Gefühle holt, dann allein ist und das Ganze immer wieder von vorn anfängt. Ich finde es sehr viel spannender, mit einem Menschen bis ins hohe Alter durchzuhalten.

Ich leiste mir ein paar altmodische Einstellungen

Meine Filmrollen konfrontieren mich mit allen gesellschaftlichen und technischen Entwicklungen unserer Zeit. Manches fasziniert mich, manches interessiert mich weniger, wie zum Beispiel die Schnelligkeit der Elektronik. Ich gehöre zu den Menschen, die ohne SMS, ohne E-Mail und Internet leben, die noch Briefe mit der Hand schreiben. Die Neuerungen sind spannend, und ich informiere mich darüber – aber ich möchte die Freiheit haben, mich aus einigen herauszuhalten. Was mir gut tut, das nehm ich mir, anderes spare ich aus. Nicht alles und jedes mitzumachen ist mein intellektuelles Vergnügen.

Ich bin ein Fan von …

… Schauspielerinnen:

Glenn Close

Lily Palmer

Ellen Barkin

Anna Magnani

Sofia Loren

… Schriftsteller/innen:

James Salter

Marguerite Duras

Elfriede Jelinek

Pier Paolo Pasolini

Shakespeare

… Filmen:

Wenn die Gondeln Trauer tragen

Es war einmal in Amerika

Dr. Seltsam oder wie ich lernte, die Bombe zu lieben

2001

Blue Velvet

Das Leben ist schön

Gattaca

Odipo Rei

… Musikern:

Verdi

Puccini

Velvet Underground

Françoise Hardy

Maria Callas

David Bowie

Samy Davis jr.

Mink de Ville

Rolling Stones

Ich will eine unkonventionelle »Alte« werden

Neugierig möchte ich bleiben, auch spontan und albern – und ich möchte immer Wünsche offen haben. Nichts ist schlimmer als die Vorstellung, es bleibt nichts mehr zu wünschen übrig. Ich möchte die Kraft haben, auch im hohen Alter neue Entscheidungen zu treffen. Ja klar, endgültig ist der Tod. Je älter man wird, umso öfter wird man daran erinnert. Der Tod ist ein zentrales Thema, das man nicht tabuisieren sollte. Wie alle Menschen wünsche ich mir, irgendwann unverhofft und ohne Schmerzen zu sterben. Sich mit dem zu beschäftigen, was davor kommt – das Älterwerden –, finde ich viel spannender. Ich spreche manchmal mit meiner Mutter darüber. Sie scheint es nicht zu belasten, sie geht souverän und leicht damit um – sie ist ja auch noch gesund in ihrem hohen Alter. Aber ich weiß um das Problem der einsamen Alten, die abgeschoben werden trotz unseres Wohlstands in Deutschland. Wo gibt es bei uns noch Großfamilien? Ich kenne sie nur in Portugal, dort lebt meine Mutter, und in Israel, in der Familie meines Mannes. Ob ich selbst später einmal das Glück haben werde, inmitten meiner Familie zu leben, ist noch völlig offen. Sicher weiß ich nur: Ich will nicht passiv alt werden, sondern ich möchte wachsam bleiben, mich bis ins hohe Alter umschauen und umhören, was außerhalb meiner Privatwelt passiert.

Das Buch kann keine Antwort geben auf die immer währende Frage, wie Menschen mit dem Älterwerden umgehen. Die Anstrengung des Suchens kann keinem abgenommen werden. Aber man kann die Suche als Mühsal empfinden oder – wie ich – als Herausforderung, jeden Tag mehr von dieser Welt zu erfahren und zu verstehen.

Register